# Señor total

*Alberto F. Roldán*

*Segunda edición revisada y ampliada*

# Señor total

*Alberto F. Roldán*

*Segunda edición revisada y ampliada*

© 2017 Alberto F. Roldán / Señor total

© 2017 Publicaciones Kerigma
Salem Oregón, Estados Unidos

*Todos los derechos son reservados. Por consiguiente: Se prohíbe la reproducción total o parcial de esta obra por cualquier medio de comunicación sea este digital, audio, video escrito, salvo para citaciones en trabajos de carácter académico según los márgenes de la ley o bajo el permiso escrito de Publicaciones Kerigma.*

www.publicacioneskerigma.org

Para pedidos: dr.escudero@publicacioneskerigma.org

**Diseño de Portada:** Publicaciones Kerigma

2017 Publicaciones Kerigma

Salem Oregón

All rights reserved

ISBN-10: 0-9989204-5-2

ISBN-13: 978-0-9989204-5-0

© 2017 Publicaciones Kerigma
Primera Edición 1500 ejemplares

*A la memoria de mis padres:*

*Sixto Alberto Roldán, de quien aprendí el amor a Jesucristo y su Evangelio y María Esther Schmarsow, cuyo amor y sacrificio posibilitaron mis estudios.*

## *UMBRAL*

*La piedad protestante ha reducido las dimensiones de la pretensión cristiana. Hemos tomado la primitiva afirmación cristiana de que "Jesucristo es el Señor", una confesión que expresa la exultante amplitud superlativa y cósmica de la actitud de Dios y la hemos substituido por el diminutivo pietista de "acepto a Jesús como mi salvador personal". Aunque a esta frase se aferran tenazmente aquellos que pretenden estar más cerca del testimonio bíblico, la frase misma jamás aparece en el Nuevo Testamento, y por consiguiente hay muy poca justificación bíblica para ella. Reduce las pretensiones cósmicas del evangelio a las dimensiones manipulables de un individualismo interiorizado.*

*- Harvey Cox*[1]

---

[1] Harvey G. Cox, *No lo dejéis a la serpiente,* trad. José Luis Lana, Barcelona: Península, 1969, pp. 130-131

# CONTENIDO

Prefacio del autor a la segunda edición..................11

Presentación a la primera edición..................19

Prólogo del autor a la primera edición..................21

Abreviaturas..................25

1. Importancia del señorío de Jesucristo..................27

2. Jesucristo: Señor del Imperio..................35

3. Jesucristo: Señor de la salvación..................51

4. Jesucristo: Señor del trabajo..................75

5. Jesucristo: Señor de la sexualidad..................91

6. Jesucristo: Señor de la familia..................109

7. Jesucristo: Señor de la Iglesia..................125

8. Jesucristo: Señor del cosmos..................142

9. Jesucristo: Señor de la fe..................169

10. Bibliografía..................187

## *PREFACIO DEL AUTOR A LA SEGUNDA EDICIÓN*

La obra que ahora presento en su segunda edición fue elaborada hace casi dos décadas. La recepción de la misma superó ampliamente mis expectativas. Inicialmente fue un libro de estudios sencillos sobre la persona, el mensaje y la praxis de Jesús de Nazaret y la interpretación apostólica del mismo en las epístolas del Nuevo Testamento. Es oportuno ahora puntualizar algunas cosas que pueden ayudar a la lectura de esta segunda versión ampliada y revisada.

En primer lugar, el libro se abre con un **umbral**. Reconozco que soy heredero aquí del filósofo italiano Gorgio Agamben que en su notable libro *El Reino y la gloria*[2] utiliza varias veces ese vocablo al término de cada capítulo indicando con ello una puerta de acceso al nuevo tema. En este caso, no encontré otra referencia más clara y contundente a todo lo que quiero decir en este libro que la cita de Harvey Cox. El teólogo bautista estadounidense declara que el cristianismo protestante y evangélico ha sustituido la primitiva confesión cristiana "Jesucristo es el Señor" por una fórmula reduccionista: "acepto a Jesús como mi Salvador personal" con lo cual —además de no encontrarse en el testimonio bíblico- se reducen drásticamente las dimensiones cósmicas del Evangelio de Jesús como el Cristo, Señor de todas las realidades visibles e invisibles, presentes y futuras. *Señor total* tiene por objetivo recuperar la confesión de que Jesucristo es el Señor de todos los ámbitos del quehacer humano, familiar, sexual, eclesial, laboral, social, político y cósmico.

---

[2] Giorgio Agamben, *El Reino y la gloria. Una genealogía teológica de la economía y del gobierno, Homo sacer* II.2, trad. Flavia Costa; Edgardo Castro; Mercedes Ruvituso, Buenos Aires: Laura Hidalgo editora, 2008, pp. 37, 119, 187, 289, entre otros lugares. El mismo recurso ya utilizó Agamben en *Homo Sacer I, El poder soberano y la nuda vida,* trad. Antonio Gimeno Cuspinera, Madrid: Biblioteca Nacional, 2002, pp. 80, 133 y 210. Para un análisis de esta obra de Giorgio Agamben, véase Alberto F. Roldán, *Hermenéutica y signos de los tiempos,* Buenos Aires: Teología y cultura ediciones, 2016.

En segundo lugar, el contenido del libro corresponde a lo que en teología sistemática se denomina "cristología", es decir, la reflexión sobre Jesús como el Cristo, su vida, su mensaje, su crucifixión, resurrección y ascensión a los cielos. La importancia de la cristología dentro del *corpus* de la teología está fuera de toda duda: en ella convergen la teología propia – el Verbo es la revelación y la "exégesis" de Dios[3]; la trinidad, dado que Él es no sólo quien revela al Padre sino quien envía el Espíritu Santo al mundo; la antropología, ya que el Cristo es el segundo hombre y el postrer Adán en quien comienza una humanidad reconciliada con Dios; la eclesiología, ya que Cristo es cabeza y esposo de la Iglesia y, por supuesto, la escatología, que tiene su desenlace en la parusía de Jesucristo en gloria. En síntesis: Jesús de Nazaret es el Mesías prometido que ha venido al mundo como Señor de toda la realidad y en quien convergen todas las líneas neurálgicas de la teología, una disciplina que, en términos de Aristóteles representó la "filosofía primera" que, dentro de las ciencias teóricas, decía el estagirita, era la más importante junto con las matemáticas y la física, porque trataba de *Theós* = Dios. La teología, que tuvo su esplendor en la Edad Media, que entró en un cono de sombra a partir del Racionalismo y el Iluminismo pero que, en los tiempos actuales se ha resituado en los ámbitos académicos sobre todo en lo que se ha dado en llamar "teología política" y, también, en su relación con la filosofía –sobre todo la hermenéutica- y las ciencias sociales. Como advierte George Steiner sobre las consecuencias de despreciar a la teología:

> ¿Qué significado se une a la noción de creación de formas de expresión y de ejecución en lo que denominamos "arte", y creo también "filosofía", si

---

[3] Tal la idea original del texto de Juan 1.18: "A Dios nadie lo ha visto nunca; el Hijo unigénito, que es Dios y que vive en unión íntima con el Padre, nos lo ha dado a conocer." (*NVI*). La última expresión "dado a conocer" es la traducción del verbo *exegésato*, del cual deriva la palabra "exégesis", explicar, interpretar, dar a conocer. *Biblia del Peregrino* vierte: "Nadie ha visto jamás a Dios; el Hijo único, Dios, que estaba al lado del Padre, lo ha explicado". Y agrega en nota: "Con esta frase se levanta el telón del evangelio: cuanto sigue es una 'exégesis', en hechos y palabras.

la posibilidad teológica, en su más amplio sentido, se ha tirado a la papelera (*Fin de partida* de Samuel Beckett es precisamente una alegoría de esta pregunta)?[4]

Hay varias formas de elaborar la cristología. Un clásico enfoque se refiere a dos procedimientos: la cristología "de arriba" y la cristología "de abajo." La primera, parte de la divinidad de Jesucristo y su encarnación y la segunda, desde su humanidad hacia su divinidad. En términos de Carl Braaten:

> Tradicionalmente, la cristología era hecha "a partir de arriba", comenzando con el dogma cristológico de la Iglesia antigua. [...] Ese dogma cristológico presuponía el dogma de la Trinidad y la encarnación del Hijo de Dios. La cristología procedía de manera deductiva, moviéndose de la divinidad eterna de Cristo allá en la cima para su naturaleza humana acá abajo. [...] Existe hoy en día entre los teólogos un virtual consenso de que la cristología debe partir de abajo. En este punto reside el más profundo significado de la nueva búsqueda del Jesús histórico.[5]

¿A cuál de los dos enfoques corresponde nuestro trabajo? Estrictamente a ninguno de los dos pero creo que está más cerca del segundo ya que parte de las enseñanzas

---

[4] George Steiner, *Gramáticas de la creación,* trad. Andoni Alonso y Carmen Galán Rodríguez, Buenos Aires: Random House Mondadori, S. A., 2011, p. 25. Cursivas originales. Para un tratamiento de las relaciones entre filosofía, poesía y teología, véase del mismo autor: *La poesía del pensamiento. Del helenismo a Celan,* trad. María Condor, Buenos Aires: FCE-Siruela, 2012.

[5] Carl E. Braaten & Robert W. Jenson, (editores), *Dogmática Cristã,* trad. Gerrit Delftra, Luís H. Dreher, Geraldo Korndörfer y Luís M. Sander, São Leopoldo: Sinodal, 1990, pp. 110-111. Para un análisis sistemático y profundo de las esas cristologías véase Wolfhart Pannenberg, *Systematic Theology,* vol. 2, trad. Geoffrey W. Bromiley, Grand Rapids: Eerdmans, 1994, pp. 277-297. Para una consideración de las varias cristologías y su relevancia actual, véase Andrés Torres Queiruga, *Repensar la cristología. Sondeos hacia un nuevo paradigma,* 2da. Edición, Estella (Navarra): Ediciones Verbo Divino, 1996

de Jesús de Nazaret en los evangelios y, desde allí, se reflexiona también sobre la interpretación de Jesús como el Cristo tal como fue elaborado por los apóstoles en las epístolas del Nuevo Testamento y en el Apocalipsis. Si quisiéramos ser más precisos, nuestra reflexión cristológica se ubica en lo que Jon Sobrino plantea. Este teólogo vasco radicado en El Salvador -acaso el más importante especialista en cristología en América Latina- luego de comentar las cristologías que parten de los títulos de Jesús como Hijo del Hombre, profeta y sumo sacerdote y las otras cristologías que se desarrollan desde los títulos de Jesús como Hijo de Dios, Señor y Palabra (*logos*), dice:

> ... aparece en el Nuevo Testamento otra forma de hacer cristología teórica: la de las narraciones evangélicas. Estas, por una parte, ya han integrado la especial relación de Jesús con el Padre, y así Jesús es confesado en ellos como el Hijo de Dios (y en Juan simplemente como el Hijo). Pero ante esta cristología ya adquirida con anterioridad, los sinópticos reaccionan mostrando la ultimidad de Jesús en su relación con el reino de Dios y mostrando la realidad de su humanidad como historia. No dudan de que Cristo es el Hijo de Dios, pero recalcan y así lo muestra desde el principio —en nuestra terminología- como el mediador del reino de Dios que tiene una historia concreta y específica.[6]

En consecuencia, si bien el título de Jesús como el "Señor" (*kyrios*) es el eje central de nuestro trabajo, el mismo parte de las narraciones de los evangelios donde

---

[6] Jon Sobrino, "Cristología sistemática. Jesucristo, el mediador absoluto del Reino de Dios" en Ignacio Ellacuria y Jon Sobrino (editores), *Mysterium Liberationis. Conceptos fundamentales de la teología de la liberación*, vol. I, San Salvador: UCA, 1993, p. 581. Para un análisis de la cristología de Jon Sobrino véase Alberto F. Roldán, *Reino, política y misión*, Lima: Ediciones Puma, 2011. Otro modelo de cristología que parte del Jesús histórico es la de Juan Stam. Véase "Este Jesucristo, ¿Quién es?" y "Jesús: nada menos que todo un hombre" En Arturo Piedra (editor), *Haciendo teología en América Latina. Juan Stam: un teólogo del camino*, 2da. Edición, vol. 1. San José (Costa Rica): Editorial Sebila, 2006, pp. 198-206

observamos a Jesús de Nazaret en su plenitud humana, predicando, enseñando, sanando a los enfermos, denunciando el poder político y, sobre todo, anunciando el Reino de Dios y su justicia que, como bien decía Orígenes de Alejandría en expresión insuperable: Jesús mismo es la *autobasileía*, el Reino de Dios en su persona.

En tercer lugar, retomar una obra que ya tiene muchos años en su primera versión, obligó a revisar el texto. La razón es simple: ni el autor ni la situación de las iglesias y del mundo es la misma de fines de los años 1990. Como bien decía Heráclito de Éfeso: la realidad es el devenir ya que nadie se sumerge en el mismo río dos veces, este fluir de lo que llamamos "realidad" me obligó a reconsiderar algunos temas ampliándolos y clarificando aspectos algo oscuros de la primera versión. A ello, he agregado un capítulo nuevo, el último, que denomino "Jesús Señor de la fe" donde planteo que Jesús de Nazaret fue un hombre de fe, modelo y paradigma de la fe para todo cristiano y cristiana hoy.

En cuarto término, quiero expresar mi más sincera gratitud a los lectores que me dieron testimonio de lo mucho que les ha bendecido este libro. En particular, los numerosos testimonios de lectores de la obra que resultaron bendecidos con ella. El caso singular es el del doctor Ernesto Alers Martin que cierto día en su despacho del Instituto Bíblico Buenos Aires me comentó que la lectura de *Señor total* transformó una iglesia que él pastoreaba en Canadá. Este es su testimonio:

> Durante parte del 2003 y del 2004 con los hermanos de la Iglesia Betel ACM de Montreal, Canadá, estuvimos estudiando como parte de nuestra Escuela Dominical el libro *Señor Total*. Bajo la dirección del Señor las verdades acerca del señorío total de Jesucristo sobre la vida del creyente, produjeron un cambio de paradigma en la vida de la iglesia. Muchos de los miembros entendieron la gran verdad que la vida de Cristo en

nosotros produce vida nueva y de calidad. Doy gracias a Dios por haber puesto en nuestras manos un libro tan completo y sencillo que nos presenta como vivir bajo el gobierno y autoridad de Jesucristo. Recomendaría que cada congregación pasara una temporada de estudio de este libro, y en oración considerase las grandes implicancias de Jesucristo señor total de la vida.[7]

Otros lectores volvieron a la fe y al compromiso con Jesucristo como fruto de la lectura del libro. La obra también fue utilizada profusamente en iglesias y como texto de cursos en el Instituto Teológico Fiet. Mi más profunda gratitud al colega y amigo Dr. Osvaldo L. Mottesi, que honra esta obra con su comentario inserto en la contratapa. Mi gratitud de extiende a la memoria de mis padres: Sixto Alberto Roldán y María Esther Schmarsow de quienes siempre recibí cariño y apoyo y a la memoria de mi tío Raúl F. Roldán que cuando yo tenía sólo cinco años de edad me enseñó el texto de Juan 3.16 en cinco idiomas para recitar en la Iglesia Cristiana Evangélica de Lanús Este. Por supuesto, la perenne gratitud a esposa Emi, sin cuyo acompañamiento ninguna de mis obras hubiera podido ser escrita y a mis hijos: Myrian, David y Gerardo por su permanente apoyo.

Esta obra sale a la luz en un año muy significativo para mí: se cumplen 50 años de la creación de mi canción titulada: "Cual la quietud de un arroyo". Elaborada el 11 de setiembre de 1967 en las márgenes del arroyo San Antonio en Villa Carlos Paz, Córdoba (Argentina) al revisar esta obra vino a mi memoria aquel momento irrepetible de inspiración. Grande fue muy sorpresa cuando advertí que en una de sus líneas expreso:

*Yo anhelo más de mi Cristo,*

*Más del Maestro,*

---

[7] Ernesto Alers Martin, testimonio enviado por email el 20 de abril de 2017.

*Más del Señor,*

*Más por siempre.*

Con lo cual, se podría decir que en esa canción que expresa el anhelo de tener "más del Señor", estaba el germen de la presente obra cuyo objetivo mayor es exaltar a Cristo como Señor de toda la realidad: personal, familiar, eclesial, laboral, sexual, social, política y cósmica.

Al Uno y Trino Dios: el Padre, el Hijo y el Espíritu Santo, sea toda la gloria, en la esperanza de que en su multiforme gracia se digne utilizar esta obra para la extensión de su Reino en el mundo de habla hispana.

*Alberto F. Roldán*

*Ramos Mejía, Pascua de 2017*

## *PREFACIO A LA PRIMERA EDICIÓN*

Este libro esta escrito por alguien que desea que cada lector, al recorrer sus páginas, quede impactado con una de las verdades más grandes que puede conocer un cristiano: Jesucristo es el Señor de todas las cosas. Él es el amo, el dueño absoluto de la realidad; todo se le ajusta y está bajo su sabio y amoroso control.

"Jesucristo es el Señor", debe ser una de las frases más repetidas en el pueblo de Dios, pero justamente son las palabras más proclamadas las que por su inmenso uso tienden a ir perdiendo su valor, su contenido; así, su enorme significado se va diluyendo. En muchas personas, estas frases quedan reducidas a un mero esqueleto vocal. De allí la vehemencia que se advierte en el autor de **Señor Total** por recuperar aquel significado y aquel trascendental contenido. Personalmente creo que lo logra.

En sus distintos capítulos va mostrando --y demostrando bíblicamente-- el Señorío magnífico de Jesús en todos los ámbitos de la vida. Estas ganas enormes del autor por reconquistar tamaña verdad, lo convierte en un artesano de las palabras. Es que cada página de este libro tiene la minuciosidad, el cuidado y la terminación de un delicado escultor.

Esculpida entre su amena escritura y su clarísimo razonamiento; aparecen, cual piedras preciosas engarzadas, numerosas citas de hombres sabios, escogidas con notable precisión y que, junto a las afirmaciones bíblicas, modelan esta obra haciéndola muy valiosa.

Muy valiosa porque apuntala una verdad central del Evangelio, la hace clara y comprensible. Muy valiosa porque en todo momento enarbola la figura de

Jesucristo. Muy valiosa, finalmente, porque queda en el lector esa inefable sensación de paz y protección; sensación que es resultado de dejar permearse por tamaña verdad: Jesucristo es el dueño, vigía y compañero de nuestra vida.

*Marcelo Laffitte*

*Director del periódico* **El Puente**

## *PRÓLOGO DEL AUTOR*

"Jesucristo es el Señor" representa la confesión de fe más sintética y más integradora del Nuevo Testamento. Por esa confesión, miles y miles de cristianos dieron su vida en los primeros siglos de la era cristiana. Muchos murieron devorados por las fieras en la arena del circo romano. Otros fueron quemados vivos por esa misma confesión. A las puertas del tercer milenio, resulta relativamente fácil declarar "Jesucristo es el Señor". Por lo menos, en nuestras sociedades "occidentales y cristianas", esa declaración no resulta peligrosa. Sin embargo, ¿qué significa real y concretamente la confesión de que Jesucristo es el Señor? ¿Qué significó en el primer siglo? ¿Qué significa ahora? ¿En qué áreas específicas de la experiencia cristiana debe visualizarse el señorío de Jesucristo?

El presente libro es fruto de nuestra reflexión sobre un tema central en el propósito de Dios y en el Nuevo Testamento. En efecto, el deseo de nuestro Padre celestial no es otro que el señorío de Jesús, su Hijo, se refleje en cada una de las esferas de nuestra vida. Por otra parte, el Nuevo Testamento es, en algún sentido, la exposición pormenorizada del señorío de Jesucristo en la experiencia del cristiano y de la comunidad de fe. Sin pretender ser exhaustivos sobre un tema tan importante y tan vasto, intentamos reflexionar sobre los aspectos más decisivos del señorío de Jesús. Luego de sintetizar la importancia que el señorío de Jesús tiene para nosotros como cristianos —lo que hacemos en el capítulo 1—, pasamos a analizar, en el capítulo 2, lo que ese señorío de Jesucristo significó en su primitiva formulación, es decir, en el contexto del Imperio Romano. Reflexionamos, claro está, en las implicaciones que ese hecho tiene para nosotros que vivimos bajo otros señoríos y dominios que pretenden nuestra obediencia y, algunas veces, nuestra obsecuencia. En el capítulo 3 estudiamos el señorío de Jesucristo en nuestra salvación, mostrando el carácter integral de la salvación desde su inicio en la fe y el discipulado, y su culminación en la gloria futura. El capítulo 4 es un intento por relacionar el señorío de Jesucristo con nuestro trabajo. Allí, criticamos los dualismos que se han dado —y siguen dándose en algunos círculos— en cuanto a "labor espiritual" y "trabajo secular", "lo espiritual" y "lo mundano". La reflexión sobre el tema del trabajo se torna crucial en estos tiempos en que el capitalismo salvaje niega el acceso a la labor rentada. El capítulo 5 aborda la relación entre el señorío de Jesucristo y nuestra sexualidad. También ese ámbito de nuestra experiencia cristiana debe someterse al dominio de Jesús. El capítulo 6 desarrolla el tema de las relaciones familiares. ¿Qué significa confesar a Jesucristo como Señor de mi familia? ¿Cómo afecta ese hecho las relaciones esposo/esposa, esposa/esposo, padres/hijos, hijos/padres, hermanos/hermanas? ¿Qué nos dice el Nuevo Testamento? ¿Cómo se aplican sus principios a nuestra situación? El capítulo 7 está consagrado al tema del señorío de Jesucristo en la Iglesia. Allí, abordamos temas cruciales y actuales, como lo son: los dones y ministerios bajo el señorío de Jesucristo y las relaciones trinitarias en ese señorío. Todo ello, porque al fin y al cabo, el señorío de Jesucristo, que un día será universalmente reconocido, hoy debe ser patente en la única comunidad que en la tierra lo confiesa como tal. Finalmente, el capítulo 8 es una reflexión teológica sobre la relación de Jesucristo con el universo, entendido en los varios significados que al vocablo "mundo" le asigna el Nuevo Testamento. Ese capítulo, por la naturaleza del tema, es el de mayor complejidad, ya que hemos debido recurrir a exégesis de numerosos pasajes del Nuevo Testamento y a una bibliografía de cierta amplitud. El tema, sin embargo, nos parece fundamental, ya que entendemos que el señorío de Jesucristo va mucho más allá que la salvación del individuo y de la Iglesia. En rigor, el propósito de Dios en Jesucristo sólo se materializará cuando Jesucristo sea Señor en los nuevos cielos y la nueva tierra, conforme su anticipo en el Apocalipsis: "He aquí, yo hago nuevas todas las cosas."

**Señor total** no pretende ser una obra de teología sistemática ni de exégesis bíblica, aunque tanto la una como la otra aparecerán aquí y allí en el contenido del libro. Tampoco pretende ser totalmente original —pretensión que difícilmente alguien podría lograr hoy en el mundo del pensamiento—. Dos obras que abordan esta temática me marcaron a fuego en distintas etapas de mi formación cristiana y teológica. Una de ellas, titulada *Jesucristo es el Señor*, fue publicada en 1971 y representa una profunda reflexión teológica e histórica en la que el doctor Justo L. González relaciona el señorío de Jesucristo con el Imperio Romano, los filósofos griegos y la Iglesia. La otra obra, escrita por el pastor Jorge Himitian, *Jesucristo el Señor*, publicada en 1974, recoge los mensajes dados por su autor en 1968, en los comienzos del movimiento de renovación carismática en la Argentina. El presente trabajo intenta ser una continuación y una profundización de esos temas y dentro de un contexto social y eclesial diferente del que dieran marco a aquellos libros.

En el prefacio de su notable obra *Aproximación al Nuevo Testamento*, su autor, William D. Davies, admite que las preguntas y las críticas de su hija le ayudaron a entender hasta qué punto permanece alejada la investigación bíblica de la realidad en que vivimos. Reconociendo esa misma distancia, aunque con herramientas más modestas, en este trabajo intento acortar esa distancia, procurando insertar la teología dentro de las realidades cotidianas en que vivimos nuestro compromiso con Jesús. Por eso, en los capítulos consagrados al trabajo, la sexualidad, la familia, la Iglesia y el cosmos, incluimos una sección titulada "cable a tierra". Esa metáfora refleja nuestro intento por hacer aterrizar esos temas a la realidad de todos los días, con sus luchas, angustias y desafíos. Gran parte del contenido de esa sección se debe a las oportunas e incisivas sugestiones del editor, mi amigo y colega el Profesor David Constance.

Agradezco a mi esposa e hijos, que me han alentado para la elaboración de este trabajo. Una especial mención para mi hija Myrian Beatriz, que gentil y artísticamente ha ilustrado la cubierta, y a mi hijo David Alberto, que ha colaborado apasionada y tesoneramente en la tarea de tipiado. También felicito a Julio Grasso, quien elaboró el capítulo que provee herramientas pedagógicas para la utilización del libro como texto de estudio en Escuelas Dominicales y grupos de reflexión. Finalmente, expreso un sincero reconocimiento a Marcelo Laffitte, director del periódico *El Puente*, que ha tenido la gentileza de escribir el prefacio. Al poner a consideración de los lectores esta obra, mi oración es que el Espíritu Santo, cuya labor es glorificar a Jesucristo, lo haga una vez más, para que en ellos Jesucristo sea **Señor total.**

*Dr. Alberto F. Roldán*

*Ramos Mejía, Navidad de 1998.*

## *ABREVIATURAS*

En el presente trabajo hemos utilizado *La Biblia de Estudio, Dios habla hoy*, tercera edición, Sociedades Bíblicas Unidas, 1994. En otros casos, apelamos al texto griego y a otras versiones de la Biblia, indicándolo mediante las siglas correspondientes. A continuación se aclaran las abreviaturas utilizadas.

| | |
|---|---|
| BJ | *Biblia de Jerusalén*, Bilbao: Desclée de Brouwer, 1966 |
| Gr | *The Greek New Testament*, 3ra. Edición, United Bible Societies, 1975 |
| LLX | *Septuaginta*, versión griega del Antiguo Testamento |
| LPD | *El libro del pueblo de Dios. La Biblia*, 2da. Edición corregida, Buenos Aires: Fundación Palabra de Vida, Ediciones Paulinas, 1984 |
| NBE | *Nueva Biblia Española*, Madrid: Cristiandad, 1976 |
| NVI | *Nueva Versión Internacional. Nuevo Testamento, Salmos y Proverbios*, Miami: Sociedad Bíblica Internacional, 1995 |
| RV 60 | *Santa Biblia*, Reina-Valera, revisión 1960, Sociedades Bíblicas en América Latina |

# Capítulo 1
# Importancia del señorío de Jesucristo

> *La doctrina que más hace falta en una época como la nuestra es la doctrina del señorío de Jesucristo, es decir, de la soberanía absoluta de nuestro Señor frente a todos los dioses, tanto de los nuevos como de los antiguos dioses.*
>
> **Juan A. Mackay**

"Dios me ha dado toda autoridad en el cielo y en la tierra." Estas palabras de Jesús resucitado, registradas en Mateo 28.19, sirven de punto de partida para nuestro estudio de uno de los temas más importantes de toda la Biblia: el señorío de Jesucristo. Mientras los incrédulos creen en muchos señores, y afirman su existencia, nosotros creemos en un solo Señor: Jesucristo. ¿En qué sentido Jesús es Señor con toda autoridad? ¿Qué significa el hecho de que él tenga toda autoridad? ¿Qué implica su señorío en términos prácticos? La tesis que queremos desarrollar en este capítulo es enunciada en los siguientes términos:

**El señorío de Jesucristo es de características singulares, se constituye en el fundamento de nuestro discipulado y nos conduce a guardar sus mandamientos.**

**1. El señorío de Jesucristo es universal y absoluto.**

El señorío de Jesucristo abarca la totalidad de la creación de Dios. En este sentido, tenemos que poner énfasis en el hecho de que Jesús no es sólo Señor de lo espiritual. Su dominio abarca cielos y tierra. Por lo tanto, Jesucristo es Señor de todo lo creado. Es Señor de los seres angelicales. Así lo expresa el autor de Hebreos con referencia al Hijo de Dios:

> ha llegado a ser superior a los ángeles, pues ha recibido en herencia un título mucho más importante que el de ellos. Porque Dios nunca dijo a ningún ángel: "Tú eres mi Hijo, yo te he engendrado hoy." Ni dijo tampoco de ningún ángel: "Yo seré un padre para él, y él será un hijo para mí." Pero en otro lugar, al presentar a su Hijo primogénito al mundo, dice: "Que todos los ángeles de Dios lo adoren." Respecto a los ángeles, Dios dice: "Hace que sus ángeles sean como vientos, y como llamas de fuego sus servidores." Pero respecto al Hijo, dice: "Tu reinado, oh, Dios, es eterno, y es un reinado de justicia. Has amado lo bueno y odiado lo malo, por eso te ha escogido Dios, tu Dios, y te ha colmado de alegría más que a tus compañeros" (1.4-9).

Jesucristo también es Señor de las potestades y autoridades espirituales. Pablo, al referirse a esto, y en un contexto en el que alude a la resurrección de Jesús como el acontecimiento en el que Dios desplegó su poder, dice que el Padre:

> Resucitó a Cristo y lo hizo sentar a su derecha en el cielo, poniéndolo por encima de todo poder, autoridad, dominio y señorío, y por encima de todo lo que existe, tanto en este tiempo como en el venidero. Sometió todas las cosas bajo los pies de Cristo, y a Cristo mismo lo dio a la iglesia como cabeza de todo (Ef. 1.20-22).

Jesucristo también es Señor de todo lo creado, y así Pablo proclama su carácter de Primogénito de toda la creación.

> Cristo es la imagen visible de Dios, que es invisible. Es su Hijo primogénito, anterior a todo lo creado. En él Dios creó todo lo que hay

en el cielo y en la tierra, tanto lo visible como lo invisible, así como los seres espirituales que tienen dominio, autoridad y poder. Todo fue creado por medio de él y para él. Cristo existe antes que todas las cosas, y por él se mantiene todo en orden (Col. 1.15-17)

Esto significa que toda la creación debe su existencia a Jesucristo, quien no sólo es el Mediador de ella, sino que todo fue creado para él, es decir, para adorarlo y exaltarlo. Es Señor exaltado en los cielos. Es Señor en la tierra, es decir, Señor de los seres de la tierra, superior a todo poder humano y a todo el que tenga algún tipo de señorío. Jesucristo está por encima de reyes, presidentes y hombres de estado. Nadie lo iguala en su poder. Es Señor de los que están bajo la tierra, ya sea en los sepulcros o también en los infiernos.

Significativamente Jesús dice: 'me es dada'. ¿Qué significa esto? El Hijo de Dios siempre existió. Es eterno como el Padre y el Espíritu Santo. Pero debemos entender que ahora le ha sido dada toda autoridad como el Cristo, el Ungido, como el Hijo del Hombre. Siempre fue Señor universal, pero ahora lo es y lo será como el Dios-Hombre. Habiendo pasado unos treinta años en su encarnación, (viviendo entre los hombres como hombre, aunque sin pecado) habiendo muerto en la cruz y sufrido en su carne los estragos del pecado y habiendo resucitado al tercer día, ahora el Padre le ha dado toda autoridad como Hijo de Dios encarnado, como el Hijo del hombre, como el Cristo, el Ungido, sobre todos los poderes del cielo y de la tierra. En este sentido debemos entender que a Jesús le ha sido dada toda autoridad. En una misma línea de interpretación, adecuadamente dice Josef Schmid:

A él, a Jesús, le ha sido dado, por el Padre, todo poder (autoridad) en el cielo y en la tierra. Ahora no es ya el Hijo del hombre en su estado de humillación terrena, cuyo poder estaba hasta entonces encubierto, en cierto sentido, a pesar de los milagros, de su proclamación, "con autoridad" (7.29), de la voluntad absoluta de Dios, y del poder para perdonar los pecados en la tierra (9,6). Aquí habla el Jesús glorioso, el "Señor" (Flp 2,11), el Hijo de Dios poderoso.[8]

## 2. El Señorío de Jesucristo es el fundamento de nuestro discipulado

Jesús resucitado es quien nos envía. Notemos que luego de su rotunda afirmación de "toda potestad me es dada en el cielo y en la tierra", Jesús dice: "por tanto". Esto significa "en virtud del hecho de que me ha sido dada toda autoridad en el cielo y en la tierra", ahora puedo mandarlos a las naciones para hacer discípulos.

¿Qué significa ser discípulo? Lo más cercano al concepto en nuestro lenguaje de hoy es 'aprendiz', alguien que está al lado de un profesional u operario de experiencia para aprender de él. Estamos al lado de Jesús para aprender de él como Maestro. Se aprende no por teoría, sino por la vida misma del Maestro, de lo que él hace de lo que él dice, de la forma en que encarna toda la enseñanza que imparte en el discurso.

Hacer discípulos es lo más difícil, porque compromete toda nuestra vida. No es hacer creyentes o miembros de una iglesia, o simpatizantes del Evangelio. Se trata de hacer discípulos, como tales, comprometidos de por vida con el Maestro. Dios quiere que hagamos discípulos en todas las naciones, porque todas las naciones deben ver la gloria de Dios por medio de Jesucristo.

---

[8] Josef Schmid, *El Evangelio según San Mateo. Comentario Ratisbona al Nuevo Testamento*, trad. Mercedes González-Haba, Barcelona: Herder, 1981, p. 561.

## 3. El señorío de Jesucristo nos conduce a guardar todos sus mandamientos

Que Jesucristo es el Señor no es cosa simplemente para declamar. Se trata de vivirlo, de darle carne a través de una vida de obediencia. Los discípulos de Jesús debemos ser enseñados a guardar todas las cosas que él manda.

Estamos llamados a guardar los mandamientos en el corazón. No se trata sólo de guardar como almacenamiento de datos en nuestra mente. Se trata de que los mandamientos del Señor lleguen a afectar nuestros sentimientos, emociones y también voluntad para hacer lo que El nos manda a hacer. A propósito de este énfasis en todos los mandamientos de Jesús, John McKenzie escribe:

> El objeto de la enseñanza es "todo lo que yo os he mandado". Esta frase es un eco de la forma en que habitualmente presenta Mt a Jesús: como el nuevo Moisés de un nuevo Israel. El término "mandato" no afirma que se establezca una nueva Ley, sino un nuevo estilo de vida, exactamente como la Ley de Moisés instauraba un nuevo estilo de vida.[9]

Una tarea práctica consiste en analizar en el Evangelio cuáles son los mandamientos específicos de Jesús para nosotros. Se trata de ir comprobando qué nos dice cada mandamiento a la vida personal de cada uno de nosotros, comparar los resultados con nuestra propia experiencia actual y ver en qué

---

[9] John L. McKenzie, *Evangelio según San Mateo. Comentario Bíblico "San Jerónimo"*. Tomo III, Nuevo Testamento I, trad. Alfonso de la Fuente Adánez, Jesús Valiente Malla y Juan José Del Moral, Madrid: Cristiandad, 1972, p. 293. Aunque la expresión "nuevo Moisés", referida a Jesús, no aparece en ningún texto del Nuevo Testamento, es perfectamente válida cuando analizamos los paralelismos que Mateo realiza en su narrativa acerca de Jesús y, sobre todo, el discurso del Sermón del Monte, que establece semejanzas entre el Moisés histórico y Jesús. Para más datos, véase el agudo trabajo de William D. Davies en *El sermón de la Montaña*, trad. A. de la Fuente Adanez, Madrid: Cristiandad, 1975, especialmente pp. 25-33.

estamos fallando, en qué estamos obedeciendo y en qué estamos desobedeciendo.

## 4. El señorío de Jesucristo es posible por la presencia del mismo Señor con nosotros.

Es difícil vivir bajo el señorío de Jesús. Lo es, porque queremos ser nuestros propios señores. Queremos manejarnos solos. Queremos hacer lo que nos gusta. Queremos manejarnos tal como pensamos y sentimos. En otros casos, porque preferimos otros señores antes que Jesús. Porque el señorío de otros es más tolerante que el de Jesús. En efecto, los dioses falsos y los ídolos toleran el sincretismo, es decir, que uno les haga caso mientras puede seguir obedeciendo a otros señores. Por ejemplo, en la Nueva Era no importa tanto lo que uno crea, mientras siga su consejo de meditación trascedental y de comida macrobiótica y flores de Bach. Pero no sucede así con Jesús, quien nos llama a una entrega total de todo nuestro ser, toda nuestra vida, y no admite otros señores junto a él. Es como dice el primer mandamiento: 'No tendrás otros dioses delante de mí'.

Pero si es tan difícil, ¿cómo puedo cumplir con el Señor? ¿Cómo puede concretarse que Jesús sea mi Señor? Simplemente por una razón muy sencilla y poderosa: 'Yo estoy con vosotros todos los días, hasta el fin del mundo'. Jesús es nuestro compañero de ruta en la vida. El no nos deja solos, abandonados a nuestra propia suerte, ni tampoco nos acompaña algunas veces. Está siempre con nosotros, en los días soleados y nublados, en los días de bonanza y de lucha, en los días alegres y en los tristes, en los días de sufrimiento y de alegría, en los días de salud o de enfermedad, en los días de prosperidad o de privaciones. ¡Aleluya! El siempre está con nosotros. Su presencia única, que nadie puede igualar, es la garantía de que es posible hacer su voluntad, seguirlo, ser discípulo de él. En suma, Jesús mismo es el recurso que hace posible que sea Señor en tu vida y en mi vida. ¡Alabado sea su nombre!

## Conclusión

Hemos planteado la importancia del señorío de Jesucristo. Esa importancia radica en la autoridad que Jesucristo ha recibido del Padre en virtud de su obra. Ahora, bien, ¿cómo se originó el título "Señor", aplicado a Jesucristo? ¿Qué significado tenía ese título en el contexto del Imperio Romano? Además, corresponde plantearse qué implica el señorío de Jesús en el mundo de la política de nuestros días. Intentaremos responder estas preguntas en el próximo capítulo.

**Preguntas para reflexión y estudio**

1. El señorío de Jesucristo es universal y absoluto. Sg+8n el autor, ¿de qué cosas Jesús es Señor?
2. De qué manera Jesús recibe la autoridad sobre todo?
3. ¿Qué es un discípulo?
4. Para el discípulo, ¿qué implica recibir como Señor a Jesús?
5. ¿Qué importancia tiene al momento de reconocer el señorío de Jesús el hecho de que él esté con nosotros?
6. ¿Qué otros "señores" se presentan en nuestra sociedad como ídolos para seguir y obedecer?
7. ¿En qué se distingue Jesús de esos otros "señores"?
8. ¿Cuál de estos "señores" parece ser más seductor? ¿Por qué?

*Capítulo 2*

## Jesucristo: Señor del Imperio

> *Jesucristo, según el testimonio de la sagrada Escritura, es la única Palabra de Dios. Debemos escucharla a ella, a ella sola debemos confianza y obediencia, en la vida y en la muerte... toda la vida del cristiano pertenece a su Señor.*
>
> *Tesis de Barmen*
>
> *Otros sistemas vendrán a surgir del abismo, y otras rameras cabalgarán sobre otras bestias, hasta el fin de la historia. La Iglesia está llamada hoy, como siempre, a discernir los espíritus y ser fiel al Señor.*
>
> *Juan Stam*

Ningún nombre o título en la Biblia puede ser cabalmente entendido fuera del contexto en el que se origina. Cuando la Biblia habla de "Jehová la roca", este título surge de las experiencias del pueblo de Israel en el desierto, en el cual muchas veces las tormentas llevaban a los israelitas a buscar refugio entre las rocas. Era así como, encontrando refugio en ellas, la experiencia se transformó en declaración: "Jehová es la roca", es decir, el refugio y el fundamento de la vida del creyente.

¿Qué significa el título "Jesucristo es el Señor"? ¿Cómo comienza el Nuevo Testamento a hablar de Jesucristo como Señor? ¿Cómo lo usaron los cristianos primitivos? Sólo podremos responder estas cuestiones yendo al contexto original. En realidad hay dos contextos: el contexto bíblico y el contexto socio-político. La tesis a desarrollar en este capítulo es la siguiente:

**El señorío de Jesucristo debe interpretarse a partir de su contexto original, bíblico y político, lo cual provee lecciones importantes para la vida de los cristianos en el contexto socio-político en el que nos toca vivir.**

## 1. Contexto bíblico original

En el Antiguo Testamento sólo Dios es el Señor. El nombre de Dios más importante para el pueblo de Israel es el de "Jehová" (mejor transliteración: *Yahvé*). Este nombre está relacionado con el pacto que Dios establece con su pueblo. Viene de un verbo hebreo que significa "ser". Por lo tanto, Dios, al ser llamado "Jehová", está indicando su eternidad, su autoexistencia y su soberanía sobre todo (ver Ex. 3.15). Es interesante que los judíos llegaron a tener tanto respeto a este nombre, que lo sustituyeron por **Adonai**, que significa "mi Señor". Esto implica que los judíos entendían que el nombre Jehová apuntaba al señorío de Dios sobre toda la realidad. En la profecía de Joel se dice claramente que, en el futuro, Dios derramaría su Espíritu sobre toda carne y que "todo aquel que invocare el nombre de Jehová será salvo" (Joel 2.32ª RV 60). Con este texto, a manera de puente, pasamos al Nuevo Testamento para ver cómo se entiende el título "Señor" aplicado a Jesucristo.

El Nuevo Testamento aplica el título Señor a Jesucristo. Comenzamos viendo cómo Pablo aplica el texto de Joel a Jesucristo.

¿Qué es, pues, lo que dice?: "La palabra está cerca de ti, en tu boca y en tu corazón." Esta palabra es el mensaje de fe que predicamos. Si con tu boca reconoces a Jesús como Señor, y con tu corazón crees que Dios lo resucitó, alcanzarás la salvación. Pues con el corazón se cree para alcanzar la justicia, y con la boca se reconoce a Jesucristo para alcanzar la salvación. La Escritura dice: "El que confíe en él, no quedará defraudado." No hay diferencia entre los judíos y los no judíos, pues el mismo Señor es Señor de todos, y da con abundancia a todos los que le invocan. Porque esto es lo que dice: "Todos los que invoquen el nombre del Señor, alcanzarán la salvación" (10.8-13)

Notamos que mientras Joel habla de invocar el nombre de Jehová para ser salvo, los creyentes del Nuevo Pacto tenemos que confesar a Jesús como Señor resucitado e invocar su nombre de "Señor". Con esto, está poniéndose de manifiesto la divinidad o deidad de Jesucristo pues mientras en el Antiguo Testamento Jehová es llamado "Señor", en el Nuevo se llama "Señor" a Jesucristo.

Si revisamos los evangelios, notaremos que el uso del título "Señor" es más bien una referencia al respeto que se le tiene que dar a Jesús (véanse Mr. 7.28; Mt. 8.2, 6, 8). Lucas llama varias veces a Jesús "Señor" en pasajes narrativos de su evangelio, dando la idea de que sólo con la resurrección ese título será plenamente comprendido por la Iglesia (ver Lc. 7.13; 10.17).

El pleno significado del señorío de Jesucristo se conoce a partir de su resurrección y entronización. Esta verdad se ve con claridad en el poderoso mensaje de Pedro en Pentecostés. (Ver especialmente Hechos 2.22-36, 4.33 y 7.59-60).

Pablo reconoce a Jesús como Señor desde un primer momento en su experiencia. En versículos de Hechos 9.1-19 se dice:

Saulo preguntó: "¿Quién eres, Señor?" La voz le contestó: "Yo soy Jesús, el mismo a quien estás persiguiendo. Levántate y entra en la ciudad, allí te dirán lo que debes hacer." (vv. 5, 6). En Damasco vivía un creyente que se llamaba Ananías, a quien el Señor se le presentó una visión y le dijo: "¡Ananías!" El contestó: "Aquí estoy, Señor." (v. 10)

Observamos que Saulo estuvo dispuesto a que Jesucristo sea su Señor, poniéndose incondicionalmente bajo su autoridad, ya que, desde el mismo momento en que Jesucristo se le aparece, se dispone a hacer la voluntad del Señor. La vida posterior del apóstol de los gentiles, sus escritos y su ejemplo constituyen la demostración más palpable de que él entendió, desde el comienzo, que Jesús era su Señor, su Amo, su Dueño.

Ahora, cambiamos de personaje. Analizaremos cómo fue la experiencia de Pedro con relación al señorío de Jesucristo. El reconocimiento de Jesús como Señor en la experiencia de Pedro comienza con el relato de la pesca milagrosa. El relato del evangelio sitúa el hecho histórico en las orillas del lago de Genesaret, nombre con el que también se conocía el lago o mar de Galilea. Había una multitud que se apretujaba para escuchar a Jesús. El Señor vio dos barcas en la playa. Se sentó en una de ellas para dar su mensaje. El relato continúa del siguiente modo:

> Cuando terminó de hablar, le dijo a Simón: -Lleva la barca a la parte honda del lago, y echen allí sus redes, para pescar. Simón le contestó: -Maestro, hemos estado trabajando toda la noche sin pescar nada. Pero, ya que tú lo mandas, voy a echar las redes. Cuando lo hicieron, recogieron tanto pescado que las redes se rompían. Entonces hicieron señas a sus compañeros de la otra barca, para que fueran a ayudarlos. Ellos fueron y llenaron tanto las dos barcas que les faltaba poco para hundirse. Al ver esto, Simón Pedro se puso de rodillas delante de Jesús y le dijo: —¡Apártate de mí, Señor, porque soy un pecador! Es que Simón y todos los demás estaban asustados por aquella gran pesca que habían hecho (Lc. 5.4-9).

Observando este vívido relato de Lucas encontramos que Pedro cae de rodillas frente a Jesús y le dice: "Apártate de mí, Señor, porque soy pecador" (v. 8). Esto surge al ver la grandeza de Jesús al operar el milagro de pescar tantos peces. Habla de la autoridad de Jesús, de su santidad y de su poder. Sobre todo, la reacción de Pedro nace a partir del milagro observado, que lo toma de sorpresa, ya que cuando echó las redes, lo hizo sin mucha fe y sólo porque Jesús lo mandaba. La reacción de Pedro es propia del encuentro del hombre con Dios, que no es otra cosa que el contraste entre el Santo y el pecador. Es el misterio de la santidad. Según la clásica interpretación del teólogo y antropólogo Rudolf Otto[10] la santidad constituye el misterio de lo tremendo y de lo fascinante, es decir, lo que nos atrae por su singularidad y lo que, al mismo tiempo, nos resulta tremendo.

Otro momento clave de la comprensión de Pedro en cuanto al señorío de Jesucristo fue haber constatado su resurrección (Véase Jn. 20.1-10). Un tercer momento clave fue el Pentecostés, cuando el Espíritu desciende con poder y lo transforma de un discípulo pusilánime en un osado apóstol y evangelista (Hch. 2). Y el cuarto momento es el de la visión antes de ir a la casa de Cornelio. En esta experiencia Pedro termina por convencerse de que Jesucristo es Señor para una obediencia total. Si analizamos el relato de Hechos 10, vemos los siguientes elementos:

a. Los prejuicios que nos juegan una mala pasada. En el caso de Pedro, se trataba de los prejuicios raciales de una pretendida superioridad judía que le hacía creer que los judíos eran el único pueblo de Dios.

b. Dios necesita machacarnos algo para que lo creamos y obedezcamos. En el caso de Pedro, Dios le repitió la visión unas tres veces para que le hiciera caso.

c. Dios cambia nuestra mente y nuestro corazón (v. 28).

d. Jesús es Señor de todos, de judíos y paganos (v. 36).

---

[10]Rudolf Otto fue un célebre teólogo y antropólogo alemán que escribió una obra clásica sobre el tema: *La idea de lo santo*

e. Jesús como Señor es Juez de vivos y muertos (v. 42).

En resumen, el contexto original bíblico nos habla del señorío de Jesucristo que implica su divinidad. Su reconocimiento en el Nuevo Testamento es gradual, ya que, aunque en los evangelios a Jesús se lo llama "Señor", el pleno sentido del título recién es expuesto a partir de su resurrección y entronización a la diestra del Padre. También podemos encontrar un cierto desarrollo en la comprensión experiencial del señorío de Jesús en la vida de los discípulos y apóstoles. Por caso, Pedro pasa por distintas etapas del reconocimiento de Jesús como Señor, que van desde su llamado, su experiencia en la pesca milagrosa, y el Pentecostés, en el cual el apóstol por obra del Espíritu Santo alcanza una comprensión plena del señorío de Jesús. En Pablo pareciera que el reconocimiento de Jesucristo como Señor tiene lugar desde el momento de su conversión en el camino a Damasco. Será él quien nos ofrecerá los textos más profundos del alcance teológico del señorío de Jesucristo.

## 2. Contexto político original

El contexto en que surge la confesión "Jesucristo es el Señor" no sólo se refiere a lo teológico, sino que también se relaciona con lo político. La religión siempre se vive en un contexto social y político determinado. Es así como hay que tener en cuenta el marco político en el que se da el título "Señor" aplicado a Jesús. En cuanto al origen del título "Señor" (en griego *kyrios*), Ralph P. Martin aclara que el mismo es usado por Pablo unas 184 veces y que su origen

> … denota una afirmación confesional en el culto (1 Co. 12,3), o en el bautismo (Ro. 10.9-10), o era parte de la aclamación que en la adoración logra actualizar en el presente la consumación final del propósito divino (Filip. 2.11). *Kyrios* es igualmente un título de obediencia y reconocimiento que expresa el lugar que ocupa el creyente debajo de la

autoridad de Cristo.[11]

Pero indudablemente, el título *kyrios* surge también como oposición al título que se arrogaba el César al ser proclamado como *kyrios*. ¿Cómo se fue gestando esa pretensión del César?

En primer lugar, tenemos que tener en cuenta la tendencia de divinizar a los gobernantes. En Egipto los faraones eran considerados como divinos e inmortales. En Grecia, los fundadores de ciudades estaban en un plano intermedio entre los hombres y los dioses. Alejandro Magno, el gran emperador griego, introdujo la idea de adorar a los gobernantes. Se creía que los dioses lo acompañaban en sus conquistas. Sus generales sucesores se creyeron dioses. Pero en el Imperio Romano sería Augusto el creador del culto al emperador. Este comenzó como un culto a Roma. Dice Barclay:

> El culto al emperador no comenzó con la divinización del César. Comenzó con la divinización de Roma. El espíritu del Imperio fue divinizado bajo el nombre y la figura de la diosa Roma; Roma era la personificación de Roma. Representaba el poder benévolo del Imperio. El primer templo dedicado a Roma se erigió en Esmirna en el año 195 a. C.[1]

Este fue el primer paso hacia la divinización del César. El segundo paso fue pensar que el espíritu de Roma se había encarnado en el emperador. La adoración al gobernante principal comenzó con Julio César después de su muerte. El emperador Augusto, en el año 29 a.C., permitió que en las ciudades de Efeso y Nicea, ubicadas en las provincias de Asia y Bitinia, se erigieran templos para

---

[11] Ralph P. Martin, *Reconciliation. A Study of Paul's Theology,* Atlanta: John Knox Press, 1981, p. 42. Cursivas originales.

[1] William Barclay, *Apocalipsis,* Buenos Aires: La Aurora, p. 25.

adorar a Roma y a Julio César. El tercer paso tuvo lugar cuando Augusto dio autorización para que en Pérgamo y Nicomedia se levantaran templos en honor de Roma y de él mismo.

Uno de los propósitos por el que se inventó el culto al emperador consistía en superar la decadencia en que había caído Roma y lograr, al mismo tiempo, una religión universal que unificara al imperio. Justo González aclara:

> El emperador no era divino en vida, pero una vez muerto pasaba a la compañía de los dioses. Por esto, Suetonio cuenta que, en el lecho de muerte, Vespasiano exclamó: "Siento que me convierto en dios". [2]

¿Qué actitud asumieron los judíos frente al culto al emperador?

En la provincia de Judea había oposición a este culto. Los judíos adoptaban distintas actitudes hacia este problema. Unos se oponían por razones patrióticas, otros, porque rendir culto al emperador estimulaba la idolatría. Algunos creían que había que obedecer al gobernante en todo, menos en esta exigencia. Finalmente, otros "se retiraban al desierto para no verse envueltos en esta clase de problemas."[3] La resistencia a este culto y las revueltas que produjo motivaron que casi todos los gobernantes relevaran de esta obligación a los judíos.

El culto imperial era un sincretismo, es decir, no exigía exclusividad. Lo explica Barclay:

---

[2] Justo González, *Jesucristo es el Señor,* Miami: Editorial Caribe, 1971, p. 41. Sobre la decadencia de Roma véase al clásico texto de Edward Gibbon, *Decadencia y caída del Imperio Romano,* trad. José Mor Fuentes, Buenos Aires: Terramar ediciones, 2009

[3] Justo González, *Op. cit.,* p. 41. Por su parte Oscar Cullmann, al preguntarse si los judíos estaban exentos de este culto, dice: "He aquí una pregunta que no ha sido aún perfectamente esclarecida. En todo caso soportaban también ellos las consecuencias de una confesión de la soberanía imperial impuesta a todos los súbditos del Imperio, como lo demuestran los datos referentes a los celotes." *Cristología del Nuevo Testamento*, trad. Carlos Gattinoni, Buenos Aires: Methopress, 1965, p. 232.

Roma era tolerante. Cualquiera podía adorar a sus propios dioses y al Emperador. Pero la adoración de César se convirtió en una comprobación de lealtad política. Llegó a ser, de ese modo, el lazo que unía a todos los súbditos leales del Imperio; se convirtió, por así decirlo, en el reconocimiento de la autoridad de César sobre el cuerpo y el alma de todos los hombres que habitaban su imperio.[4]

¿Cómo reaccionaron los cristianos frente al culto al emperador?

Hubo un grupo religioso que se negó desde el principio a adorar al emperador: los cristianos. Al comienzo, fueron confundidos con una secta judía más. Pero los mismos judíos se ocuparon de avisar a los gobernantes del imperio que los cristianos no eran una secta judía. Así comenzaron las persecusiones, que tuvieron un punto de inflexión en el incendio de Roma hecho por Nerón, quien culpó a los cristianos. Eran los años 60 cuando ocurrieron esos hechos.

El Nuevo Testamento registra algunos testimonios directos o indirectos de este trasfondo político en la confesión de fe más primitiva: Jesucristo es el Señor. Por un lado, Pablo dice en 1 Corintios 8:

> Pues aunque haya algunos que se llamen dioses, sea en el cielo, o en la tierra (como hay muchos dioses y muchos señores), para nosotros, sin embargo, sólo hay un Dios, el Padre, del cual proceden todas las cosas, y nosotros somos para él; y un Señor, Jesucristo, por medio del cual son todas las cosas, y nosotros por medio de él. (1 Co. 8.5, 6 RV 60)

En una primera lectura, las declaraciones de Pablo parecen contradictorias, ya que por un lado dice que hay muchos "señores", pero luego dice que hay un solo "Señor". ¿Cómo se resuelve esta contradicción? Aclara Oscar Cullmann:

---

[4] *Op. cit.*, p. 26.

Para el cristiano, que sabe que Jesús desde su glorificación ha recibido la omnipotencia en el cielo y en la tierra, estos *kyrioi* que existen para los paganos, no son ya más *kyrioi* absolutos; su potencia ha sido absorbida por la del único *kyrios*. Detrás de esta afirmación [...] yace también la creencia según la cual estos *kyrioi*, estas "potencias" y "dominios", como los llama Pablo, han sido vencidos por Cristo; le han sido sometidos y, por consiguiente, no pueden ya ser *kyrioi* en sentido absoluto. Y Pablo dice, por una parte, haber muchos *kyrioi* y por otra, no haber sino un solo *Kyrios*. Esta manera paradojal de expresarse se explica por la relación, que hemos señalado, entre los dos usos del término: el profano y el religioso: estos *Kyrioi* de los paganos con su pretensión a ser *Kyrios* en el sentido absoluto de la expresión no son ya, para los cristianos, sino *kyrioi* en el sentido banal y no tienen sobre ellos ningún derecho absoluto de soberanía.[5]

Del pasaje paulino podemos destacar los siguientes hechos:

Que los "señores" que pretenden esa soberanía, son tanto seres celestiales como terrenales. Debemos interpretar que Pablo se refiere en tono crítico a quienes usurpan poderes en los cielos y a quienes se erigen señores de los pueblos en la tierra. Para esta última esfera, debiéramos seguir la posición crítica que se refleja en las Tesis de Barmen, redactadas el 31 de mayo de 1934 en esa ciudad alemana, cuando la Iglesia confesante se opuso al régimen nazi.

Jesucristo, según el testimonio de la sagrada Escritura, es la única Palabra de Dios. Debemos escucharla a ella sola, a ella sola debemos confianza y obediencia, en la vida y en la muerte. *Rechazamos la falta doctrina,* según la

---

[5] *Op. cit.*, pp. 229-230. Para análisis más profundos del significado teológico de "los poderes" en la teología contemporánea véanse John Yoder, *Jesús y la realidad política,* Buenos Aires: Ediciones Certeza, 1985, pp. 104-119 (original: *The Politics of Jesus,* Grand Rapids: Eerdmans, 1972) y Stephen Charles Mott, *Ética bíblica y cambio social,* trad. Miguel A. Mesías, Buenos Aires: Nueva Creación, 1995, pp. 6-10.

> cual la Iglesia, además y al lado de esta única Palabra de Dios, tendría otros manantiales de los que podría sacar su testimonio, es decir otros acontecimientos y otras potencias, otras personalidades y otras verdades que serían, ellas también, beneficiarias de una revelación divina...[12]

Que el señorío universal de Jesucristo es único y supone la victoria que Él ha obtenido sobre todos los usurpadores, en el cielo y en la tierra.

Volviendo al escenario del Imperio Romano, la persecución era algo inevitable y ya se hacía intensa en los últimos años del primer siglo, cuando se escribe el Apocalipsis. Dice Juan Stam:

> Probablemente Juan escribió Apocalipsis hacia fines del reinado de Domiciano (81-96 d. C.), cuando se acentuaba el culto al emperador como "Dominus ac Deus noster" y comenzaba, aunque esporádicamente, la persecución de los cristianos. El culto al emperador siempre prosperaba más en las ciudades orientales, y en tiempos de Domiciano Efeso (donde residía Juan) era el máximo centro del culto imperial en Asia. Bajo Domiciano el famoso templo de Diana iba perdiendo importancia, y el nuevo templo al emperador, con una enorme efigie de Domiciano, dominaba toda la vida religiosa bajo la dirección del Asiarca, el "Sumo Sacerdote de Asia".[6]

---

[12] Confesión de fe de Barmen, cit. por Georges Casalis, *Retrato de Karl Barth*, trad. Franklin Albricias, Buenos Aires: Methopress, 1966, p. 39. Cursivas originales. Para más datos sobre el papel decisivo que jugó Karl Barth en la Iglesia confesante y su oposición a Hitler, véase Daniel Cornu, *Karl Barth. Teólogo da liberdade*, trad. Carlos Nelson Coutinho, Río de Janeiro: Paz e Terra, 1971.

[6] Juan Stam, "Apocalipsis y el Imperialismo Romano" en *Lectura Teológica del Tiempo Latinoamericano*, San José: Seminario Bíblico Latinoamericano, 1979, p. 27. Para un estudio exegético de la presencia del Imperio Romano en el Apocalipsis, véase la obra de Juan Stam, *Apocalipsis. Comentario Bíblico Iberoamericano*, 4 volúmenes, Buenos Aires: Ediciones Kairós, 2003-2009

La bestia apocalíptica no era para los primeros lectores del libro un tema de especulación. Ella actuaba en ese tiempo, matando a cristianos que se habían propuesto no renunciar a la proclamación de que Jesucristo es el Señor (cf. Ap. 2.13). Y esto era alta traición. No quedaba otra alternativa que perseguir y exterminar a los cristianos. Por esa confesión miles murieron durante aquella época. La alternativa era renunciar a la fe o morir por ella. Explica Barclay:

> Los enfrentaba una opción absoluta: César o Cristo. El Apocalipsis se escribió para nutrir la fe de los cristianos en esa situación. En una época de terror creciente Juan no cerró los ojos. Veía cosas temibles, pero anticipaba cosas aún más temibles todavía. Pero por detrás de todos esos horrores veía la bienaventuranza de quienes se resistieran al César por amor a Cristo.[7]

El poder tiránico del Imperio Romano, su crueldad y su pretendida paz, están reflejados en la sentencia de un líder caledonio que dijo:

> *[Los romanos son] los ladrones del mundo... Si el enemigo es rico, son rapaces; si pobre, ávidos de tiranía. Ni Oriente ni Occidente los sacian... Roban, descuartizan, expolian, y lo llaman "imperio", y donde crean la desolación lo llaman "paz.*[13]

¿Qué lecciones nos deja esta heroica resistencia de los cristianos frente al Imperio Romano? De las muchas, creo que podemos destacar las siguientes:

Mientras las religiones y las ideologías admiten el pluralismo y el

---

[7] *Op. cit.*, pp. 26-27.

[13] Texto de un líder caledonio recogido por Tácito, cit. por Richard A. Horsley, *Jesús y el Imperio. El Reino de Dios y el nuevo desorden mundial*, trad. Ricardo López Rosas, Estella (Navarra): Editorial Verbo Divino, 2003, 27. Cursivas originales. La importancia de esta obra radica en que su autor expone cómo las características del Imperio Romano tienen un correlato en lo que denomina "el Imperio estadounidense cristiano" con el destino manifiesto como su estandarte ideológico. Para una reflexión más actualizada del tema en perspectiva geopolítica, véase José Luis Orozco, *De teólogos, pragmáticos y geopolíticos. Aproximación al globalismo norteamericano*, Barcelona: Gedisa, 2001.

sincretismo, la confesión de fe que se sintetiza en "Jesucristo es el Señor" no admite rivales ni mezclas. Jesucristo no es un señor más dentro de las constelaciones de dioses y señores: él es el único Señor soberano de los reyes de la tierra.

Aprendemos también que el señorío de Jesucristo se extiende a todos los órdenes. EL es Señor de los señores, sean estos ángeles o señores del mundo. Su señorío, en consecuencia, tiene que ver con todas las realidades y no sólo con lo espiritual y eclesial.

Asimismo, el señorío de Jesucristo en el ámbito terreno nos obliga a discernir quiénes son los que pretenden usurpar o compartir ese señorío. Como dice Stam:

> El libro de Apocalipsis nos proclama que Jesucristo tiene que ser el Señor y Libertador también de estas relaciones socio-culturales, y nos llama a un examen profético de nuestra realidad y nuestros compromisos.[8]

Por otra parte, el hecho de que nuestro mundo sea llamado "occidental y cristiano" nos debe conducir a un examen profundo, personal y comunitario, para establecer si, dado que ahora es más fácil ser cristiano y no correr riesgos, no será que somos simplemente eso, "cristianos de la cultura religiosa", y no discípulos comprometidos con Jesús el Señor.

**Conclusión:**

Nuestro estudio del significado político del señorío de Jesucristo tiene, por lo menos, dos implicaciones: una, que es necesario que, mientras oramos por los que están en eminencia y ejercen el poder político, encararemos también una lucha espiritual para que el Señor derribe el orgullo de quienes, lejos de

---

[8] *Op. cit.*, p. 50

reconocerlo, atrevidamente en su nombre someten a los pueblos a una obediencia absoluta y los sumen en la miseria y la injusticia. Con la popular canción evangélica, debemos proclamar:

> *Levántate, levántate, Señor, Levántate, levántate, Señor.*
>
> *Huyan delante de ti, tus enemigos. Se dispersen delante de ti.*
>
> *Todos aquellos que aborrecen tu presencia.*

La otra implicación es el compromiso cristiano con la política. Muchos evangélicos malinterpretan la declaración de Jesús "Mi reino no es de este mundo" (Jn. 18.36) como si el mensaje y la acción de Jesús no tuviera nada que ver con las realidades de este mundo.[14] Hay que interpretar la palabra "mundo" en el lenguaje joánico como una referencia a un "mundo-sistema" contrario a los propósitos de Dios. Por lo tanto, el reino que Jesús anuncia y trae no es de este sistema pero tiene como propósito transformar ese sistema en un reino de justicia y de paz conforme a las promesas mesiánicas. Por eso, es oportuno citar las reflexiones de José Míguez Bonino cuando advierte:

> En lugar de preguntarnos ¿dónde está presente o visible el reino en la historia de nuestro tiempo?, somos impulsados a preguntar ¿cómo puedo yo participar -no sólo como individuo sino en una comunidad de fe y en una historia- en el mundo venidero? El problema principal no es noético sino, por decirlo así, empírico. Tiene que ver con una respuesta activa. El reino no es un objeto a ser descubierto mediante señales y prefiguraciones que deben ser halladas e interpretadas sino un llamado,

---

[14] La declaración de Jesús: "Mi reino no es de este mundo" aparece en el diálogo entre él y Pilato. Para un estudio histórico, filosófico y teológico del enfrentamiento entre ambos, véase Giorgio Agamben, *Pilato y Jesús*, trad. María Teresa D'Meza, Buenos Aires: Adriana Hidalgo Editora, 2014

una convocación, una presión que impele. En relación con el reino, la historia no es un enigma a resolver sino una misión a cumplir.[15]

Si Jesucristo es Señor de toda la realidad y esa realidad incluye lo político, la conclusión es que él también es Señor de la política. Con osadía, Paul Lehmann formula la pregunta "¿qué está haciendo Dios en el mundo?" para responder que "Dios es un político y que lo que está haciendo en el mundo es 'hacer política' (...) lo que implica hacer y mantener la vida humana en el mundo."[16] Es a esa humanización, cuyo modelo es Jesús de Nazaret, a lo que debe apuntar toda acción política cristiana en el mundo.

---

[15] José Míguez Bonino, *La fe en busca de eficacia,* Salamanca: Sígueme, 1977, p. 172. Para estudios más profundos d e las relaciones entre el Reino de Dios y la política véanse: Alberto F. Roldán, *Reino, política y misión,* Lima: Ediciones Puma, 2011; David A. Roldán, *La dimensión política del Reino de Dios,* Buenos Aires: Teología y Cultura Ediciones, 2014 y Alberto F. Roldán y David A. Roldán, *José Míguez Bonino: una teología encarnada,* Buenos Aires: Sagepe, 2013.

[16] Paul Lehmann, *La ética en el contexto cristiano,* trad. Adam F. Sosa, Montevideo: Editorial Alfa, 1968, pp. 89-90. (Orig. *Ethics in a Christian Context,* Harper & Row, 1963.

## Preguntas para reflexión y estudio

1. ¿Quién era el "Señor" en el Antiguo Testamento?
2. ¿Qué significa que en el Antiguo Testamento se le llame Señor a Dios, mientras que en el Nuevo Testamento se le llame Señor a Jesús?
3. ¿Cuál fue la circunstancia que hizo que los discípulos usaran el término "Señor" en su sentido pleno para referirse a Jesús?
4. El autor dice: "El contexto bíblico original nos habla del señorío de Jesucristo, que implica su divinidad." ¿De qué forma los discípulos y la Iglesia fueron comprendiendo esta realidad?
5. ¿Qué significaba ser "Señor" en el mundo romano del primer siglo?
6. ¿De qué modo debiéramos actuar como cristianos cuando surgen nuevos "señores" que reclaman nuestra adhesión y obediencia absolutas que sólo corresponden a Jesucristo?
7. ¿Cómo fue mi reconocimiento del señorío de Jesucristo en mi vida? ¿Fue espontáneo o gradual?
8. ¿Cuáles fueron las primeras áreas de mi vida en ser afectadas por el señorío de Jesucristo?

# Capítulo 3

# Jesucristo: Señor de la salvación

> *El cristianismo no consiste sólo en el conocimiento de Jesús y de sus enseñanzas transmitidas por la Iglesia. Consiste en su seguimiento. Sólo ahí se verifica nuestra fidelidad. Seguimiento que es la raíz de todas las exigencias cristianas y el único criterio para valorar una espiritualidad.*
>
> *Segundo Galilea*

El señorío de Jesucristo sobre la vida de nosotros, sus discípulos, abarca la totalidad de nuestra experiencia cristiana. Se extiende desde el momento en que lo reconocemos como Señor hasta el día en que él nos llame a su presencia. ¿En qué sentido Jesucristo es Señor de nuestra salvación y qué implicaciones tiene ese señorío? Vamos a responder estas preguntas a partir de un enunciado que hemos formulado en los siguientes términos:

**El señorío de Jesucristo en nuestra salvación implica reconocerlo desde su llamado a seguirlo, someternos a su gobierno y esperar su venida en gloria.**

## 1. El señorío de Jesucristo en nuestra salvación implica reconocerlo desde su llamado a seguirlo

Todo comienza con el llamado a seguirlo. Una de las cosas que más se destacan en Jesús es su autoridad para llamarnos a seguirlo. El seguimiento de él es tan importante, que el cristianismo significa precisamente eso: el seguimiento.

Acertadamente, Segundo Galilea dice:

> El cristianismo no consiste sólo en el conocimiento de Jesús y de sus enseñanzas transmitidas por la Iglesia. Consiste en su seguimiento. Sólo ahí se verifica nuestra fidelidad. Seguimiento que es la raíz de todas las exigencias cristianas y el único criterio para valorar una espiritualidad. Así, no existe una "espiritualidad de la cruz", sino del seguimiento; seguimiento que en ciertos momentos nos exigirá la cruz. No existe una "espiritualidad de la oración", sino del seguimiento. El seguimiento nos lleva a incorporarnos a la oración de aquel a quien seguimos. No existe una "espiritualidad de la pobreza", sino del seguimiento. Este nos despojará si somos fieles en seguir a un Dios empobrecido. No existe una "espiritualidad del compromiso", pues todo compromiso o entrega al otro es un fruto de la fidelidad al camino que siguió Jesús.[17]

Jesús exige un seguimiento absoluto. Esto lo vemos claramente en el pasaje de Lucas 14.25-33. Dice Jesús:

> Si alguno viene a mí, y no aborrece a su padre, y madre, y mujer, e hijos, y hermanos, y hermanas y aun también su propia vida, no puede ser mi discípulo. Y el que no lleva su cruz y viene en pos de mí, no puede ser mi discípulo (Lc. 14.26-27 RV 60).

Aquí, el Señor exige que, si queremos seguirlo, debemos aborrecer todo aquello que ocupa el primer lugar en nuestros intereses. ¿Qué significa aborrecer al padre, la madre, la mujer, los hijos, los hermanos y aun la propia vida? ¿Significa que realmente tenemos que aborrecer u odiar a nuestra familia y aun a nosotros mismos? Es acertada la explicación de Barclay:

---

[17]Segundo Galilea, *Religiosidad popular y pastoral*, Madrid: Cristiandad, 1979, p. 245.

> No debemos tomar las palabras de Jesús literalmente, en forma fría y sin imaginación. El lenguaje oriental es siempre tan vívido como puede serlo la mente humana. Cuando Jesús nos dice que debemos odiar a nuestros seres más queridos, no lo dice en sentido literal. Quiere decir que ningún amor de la vida puede ser comparado con el que le debemos a Él.[18]

Este es el verdadero sentido del mensaje de Jesús. Cabe preguntarnos: ¿He tomado en cuenta este desafío? ¿Alguna vez me lo he planteado? ¿Entiendo realmente lo que significa seguir a Jesús cueste lo que costare y caiga quien cayere? En todo caso, lo importante es no confundirnos a nosotros mismos y calcular los costos del seguimiento de Jesús, a lo que Él mismo nos invita mediante los ejemplos de edificar una torre sólo después de habernos sentado para calcular lo que cuestan los ladrillos, la mezcla, el trabajo mismo de levantar las paredes (véase Lc. 14.28-33). De otro modo, si no terminamos la edificación podemos llegar a ser objeto de burla. El otro ejemplo es tomado de la guerra. El Señor dice que nadie va al frente de batalla sin medir sus fuerzas. Sería temerario hacerlo en caso de que seamos numéricamente inferiores al adversario. Jesús remata su discurso diciendo: "Así, pues, cualquiera de vosotros que no renuncia a todo lo que posee, no puede ser mi discípulo" (v. 33 RV 60). Notemos que Jesús no anda con vueltas. No se trata de que haya dos tipos de discípulos, los que dejan algo para seguirlo y los que dejan todo. Se trata de que, si no renunciamos a todo, no podemos ser discípulos de Él en ningún sentido.

Jesús nos exige motivaciones claras. La cuestión de las motivaciones está implícita en el pasaje de Lucas 9.57-62 (cf. Mateo 8.18-22). Otra vez, Jesús exige un seguimiento que implica dejarlo todo por Él. En este sentido hay que interpretar los tres casos que, opuestos en sus motivaciones, coinciden en algo: la postergación del seguimiento y del reino de Dios por otras cosas. En un caso,

---

[18] William Barclay, *Lucas*, Buenos Aires: La Aurora, 1972, p. 192.

alguien espontáneamente, dice a Jesús: "Te seguiré adondequiera que vayas" (v. 57). Jesús, conociendo el corazón del candidato (maestro de la Escritura, según Mateo) le advierte que mientras los animales tienen guaridas o nidos, Él no tiene dónde reclinar su cabeza. ¿Cuál sería la motivación de este ciudadano? ¿Habrá pensado que seguir a Jesús daba cierto *status* social? ¿Habrá creído que seguirlo a él daba seguridad económica? La manera en que Jesús le advierte pareciera dar algún fundamento a estas sospechas. En el segundo caso, Jesús le dice a alguien: "Sígueme" (v. 59), pero en claro juego dilatorio el invitado dice: "déjame que primero vaya y entierre a mi padre", a lo cual el Señor replica con la enérgica propuesta: "Deja que los muertos entierren a sus muertos, y tú, ve, y anuncia el reino de Dios". Probablemente, no era que el padre del candidato ya había muerto, sino más bien que él quería esperar hasta que su padre muriera para después seguir a Jesús. El tercer caso es otra maniobra de postergación, consistente en despedirse de la familia. A ello, Jesús replica con un lenguaje simbólico: "Ninguno que poniendo su mano en el arado mira hacia atrás, es apto para el reino de Dios" (v. 62 RV 60). La metáfora alude a la necesidad de mirar siempre hacia adelante y no a los costados. Para hacer una línea recta es importante no mirar a los costados, sino siempre al frente. En este contexto, mirar al frente significa mirar a la meta que es el reino de Dios. No miremos ni a nuestro pasado ni a lo que pasa a nuestro costado, sino siempre hacia adelante, como dice Pablo: "al premio de la suprema vocación (llamamiento) de Cristo Jesús" (Fil. 3.8 RV 60).

En todo caso, los tres ejemplos, el discípulo que sigue por motivaciones falsas o los otros dos que postergan la decisión anteponiendo familia y cosas particulares, coinciden en señalar la importancia de que no nos engañemos pensando que seguir a Jesús es cosa fácil. Se trata de algo muy difícil y exigente. Es confundir el carácter de la gracia de Dios. Así definía Dietrich Bonhoeffer la verdadera naturaleza de la gracia:

> Es cara porque llama al seguimiento, es gracia porque llama al seguimiento de *Jesucristo*; es cara porque le cuesta al hombre la vida, es gracia porque le regala la vida; es cara porque condena el pecado, es gracia porque justifica al pecador. Sobre todo, la gracia es cara porque ha costado cara a Dios, porque le ha costado la vida de su Hijo —"habéis sido adquiridos a gran precio"— y porque lo que ha costado caro a Dios no puede resultarnos barato a nosotros.[19]

Precisamente el hecho de haber sido comprados a alto precio, nos conduce al segundo aspecto de nuestra reflexión.

## 2. El señorío de Jesucristo en nuestra salvación implica someternos a su gobierno

2.1. La exigencia de Jesús tiene un correlato en su entrega por nosotros.
Si bien Jesús nos exige dejarlo todo, Él mismo ha dado primero todo por nosotros. Esto lo vemos claramente en Romanos 14.8-9; 10.9-10 y Filipenses 2.5-11. Dice el primer pasaje:

> Si vivimos, para el Señor vivimos, y si morimos, para el Señor morimos. De manera que, tanto en la vida como en la muerte, del Señor somos. Para eso murió Cristo y volvió a la vida: para ser Señor tanto de los muertos como de los vivos.

Aprendemos que Cristo murió, resucitó y volvió a vivir para ser Señor. Sus acciones redentoras, es decir, su muerte y resurrección, no fueron experiencias fortuitas. Tuvieron como propósito establecer su señorío sobre todos. De modo que Él es Señor y exige el seguimiento, pero no es un Señor

---

[19] Dietrich Bonhoeffer, *El precio de la gracia*, 2da. Edición, trad. José L. Sicre, Salamanca: Sígueme, 1968, p. 20.

despótico, que vive en un mundo ajeno al nuestro, totalmente desentendido de nuestra situación. El ha venido al mundo, siendo rico se hizo pobre, vivió entre nosotros, y murió y resucitó para constituirse en Señor. Además, al pasar por las etapas de la muerte y la vida, es Señor tanto de los muertos como de los que viven. Nada escapa a su señorío, ninguna experiencia le es ajena. Comentaba Juan Calvino:

> Al darse El por nuestra salvación a la muerte, consiguió un derecho que ni la misma muerte ha podido abolir; y resucitando, retuvo nuestra vida por razón de su soberanía. Tanto por su muerte como por su resurrección es acreedor a que en muerte y en vida sirvamos a la gloria de su Nombre.[20]

El segundo pasaje es Romanos 10.9-10:

> Si con tu boca reconoces a Jesús como Señor, y en tu corazón crees que Dios lo resucitó, alcanzarás la salvación. Pues con el corazón se cree para alcanzar la justicia, y con la boca se reconoce a Jesucristo para alcanzar la salvación.

Aquí, Pablo resume la "palabra de fe", indicando que se trata de confesión con la boca y creer con el corazón. Es necesario profundizar en el sentido de este pasaje.

La confesión "Jesús es el Señor" se refiere al señorío que El ejerce en virtud de su obra, su resurrección y su entronización (cf. Ro. 1.4; 1 Co. 12.3; Ef. 1.20-22; Fil. 2.11). El exégeta John Murray explica:

> En este caso el acento recae sobre la creencia de corazón de que Dios le

---

[20]Juan Calvino, *La Epístola del apóstol Pablo a los Romanos*, trad. Claudio Gutiérrez Marín, México: Publicaciones de la Fuente, 1961, p. 355

ha resucitado. El corazón es el asiento y órgano de la conciencia religiosa y determina lo que una persona es moral y religiosamente. Por lo tanto, abarca lo intelectual y lo volitivo tanto como lo emotivo.[21]

Esta aclaración no carece de importancia. Por el contrario, nos parece decisiva, sobre todo cuando tan fácilmente confundimos emocionalismo con autenticidad. Por supuesto, al confesar a Jesucristo como Señor de nuestra vida, sobre todo la primera vez, nos emocionamos. Pero no es la emoción o el sentimiento lo decisivo. Hay que armonizar pensamiento con emoción y darnos cuenta de las implicaciones de nuestra afirmación: "Jesucristo es mi Señor". Esta es la relación que Pablo destaca entre fe y confesión. El verdadero creyente confiesa a Jesús. El mismo Maestro lo dice en el Evangelio: "cualquiera que me confiese entre los hombres, yo también le confesaré delante de mi Padre que está en los cielos". Si no hay confesión es porque no hay verdadera fe. Esta relación entre fe y confesión es explicada por Lutero en los siguientes términos:

> Esto quiere decir: la fe que conduce al hombre a la justicia, no llega a la meta de la justicia, o sea, a la salvación, si no llega a la confesión. Pues la confesión es la obra principal de la fe, obra que consiste en que el hombre se niegue a sí mismo y confiese a Dios, y eso en una forma tan absoluta que incluso negaría su propia vida y todo lo demás antes de "afirmarse" a sí mismo.[22]

Confesar a Jesús significa reconocerlo como Señor de nuestra vida, como soberano de nuestras decisiones, como dueño de nuestra persona. Significa que ya no somos nuestros sino de Él. Si tenemos verdadera fe en Jesús, esa fe debe

---

[21] John Murray, *The Epistle to the Romans. The New International Commentary on the New Testament*, vol. II, Grand Rapids: Eerdmans, 1965, p. 55.

[22] Martín Lutero, *Obras de Martín Lutero*, vol. 10, trad. Erich Sexauer, Buenos Aires: La Aurora, 1985, p. 341.

expresarse en confesión pública de que El es nuestro Señor.

El tercer pasaje que se refiere a la obra de salvación por la cual Jesús es Señor es uno de los más importantes de toda la Biblia sobre el tema: Filipenses 2.5-11. El contexto o la motivación del apóstol es que tenemos el mismo sentir de Jesús, la misma humildad, el mismo amor. Cristo Jesús es presentado, entonces, como el modelo para nuestras motivaciones y nuestras acciones. Y dentro de este contexto Pablo detalla lo que podemos llamar "descenso y ascenso de Jesús" o "autodespojo y exaltación de Jesús". El pasaje reproduce un himno primitivo probablemente de la liturgia judeocristiana. Fitzmyer puntualiza:

> Este himno constituye una confesión del *kerigma* primitivo. Las razones para interpretar esta parte como un himno son el ritmo de las frases, el empleo del paralelismo (que se da en los salmos y poesía del AT) y las extrañas expresiones de cuño no paulino (*kenoun* en el sentido de "vaciar", *harpagmos, hyperypsoun, morphe, schema, isa theo einai*). Aunque en el himno hay, al parecer, dos oraciones gramaticales, cada una de ellas se compone de nueve versos y el conjunto está dividido en seis estrofas. Cada estrofa tiene un verbo principal y dos expresiones subordinadas (*thanatou de staurou* es una adición que no cuadra en el metro). En las tres primeras estrofas el sujeto es Cristo; en las tres últimas, Dios.[23]

Siguiendo a E. Lohmeyer[24], puede ordenarse el contenido del himno en los siguientes temas:

Preexistencia divina: v. 6

---

[23] Joseph A. Fitzmyer, *Comentario Bíblico "San Jerónimo"*, Tomo III, *Nuevo Testamento*, trad. Alfonso de la Fuente Adanez, Jesús Valiente Malla y Juan José del Moral, Madrid: Cristiandad, 1972, p. 631.

[24] Cit. en *ibíd*.

Humillación de la encarnación: v. 7

Humillación de la muerte: v. 8

Exaltación celestial: v. 9

Adoración universal: v. 10

Nuevo título de Jesús: *Kyrios*.

De las muchas traducciones que podemos consignar, hemos escogido la versión del *Libro del Pueblo de Dios*:

> *El, que era de condición divina, No consideró esta igualdad con Dios como algo que debía guardar celosamente: al contrario, se anonadó a sí mismo, tomando la condición de servidor y haciéndose semejante a los hombres. Y presentándose con aspecto humano, se humilló hasta aceptar por obediencia la muerte y muerte de cruz.*
>
> *Por eso, Dios lo exaltó y le dio el Nombre que está sobre todo nombre, para que al nombre de Jesús, doble la rodilla todo lo que hay en el cielo, en la tierra y en los abismos, y toda lengua proclame para gloria de Dios Padre: "Jesucristo es el Señor".*

Analicemos el pasaje:

a. El ser de Jesús antes de su encarnación. El "ser" tiene que ver con lo esencial, con la sustancia de Jesús, con la naturaleza del Ungido antes de ser encarnado. Literalmente, Pablo habla de la "forma de Dios" en la que existía el Hijo de Dios. Algunas versiones traducen la idea como "naturaleza" (NVI), "condición divina" (NBE). Si Dios es "espíritu", no debemos entender que tiene una forma visible. Hay que comprender la expresión más bien, como "la gloria de Dios" que el Hijo tenía con el Padre (Jn. 17.5). El existía en la condición divina.

b. "No consideró el ser igual a Dios como algo a qué aferrarse" (NVI). O "no se aferró a su categoría de Dios" (NBE). Literalmente este "aferrarse" a algo tiene la idea de tener o retener algo como si fuera un botín. De las muchas posibilidades de interpretar esta parte del himno, nos parece atendible la de Fitzmyer:

> Jesús no consideró el estado de gloria divina (es decir, ser igual a Dios) como un privilegio o posesión a la que aferrarse tan fuertemente que pudiera sacar de él provecho en el futuro; para Jesús no era un botín de avaro su derecho a ser como Dios: Lit., "ser igual a Dios". [25]

c. "Al contrario, se anonadó a sí mismo, tomando la condición de servidor y haciéndose semejante a los hombres" (LPD). Este anonadamiento, que también se traduce "se rebajó voluntariamente" (NVI) y "se despojó a sí mismo" (BJ), plantea preguntas tales como: ¿Significa este despojarse un quitarse sus atributos divinos? ¿Dejó de ser Dios, como lo era en su estado preencarnado? Nos parece acertada la explicación de Karl Staab:

> El anonadamiento de Cristo no consistió en la renuncia al ser divino (cosa imposible, dado que Dios no puede dejar de ser Dios), sino en la adopción de una forma de existencia más humilde, que aún no poseía. Al revestirse de la bajeza y miseria de la condición humana, quiso ocultar su dignidad divina, quiso renunciar al honor y a la gloria, para llevar una vida externamente igual a la de los demás hijos de Adán; quiso así mostrarse como uno de ellos, y serlo en realidad. En una palabra, se hizo

---

[25] *Ibíd.*, p. 632

pobre.[26]

d. "Y estando en la condición de hombre, se humilló a sí mismo, haciéndose obediente hasta la muerte, y muerte de cruz" (RV 60). No fue suficiente hallarse en la condición humana, ser uno más con nosotros o, como traduce la NBE: "haciéndose uno de tantos" (v. 7b) o "un simple hombre" (v. 7c). No fue suficiente llegar a esta condición, porque la obediencia de Jesús lo llevó a la muerte. En palabras de Gustavo Gutiérrez:

> Jesús fue alguien que habló como actuó y actuó como habló, por eso lo mataron. Su coherencia es la que lo lleva a la muerte, a su hora. Al combate, precisamente, con los incoherentes de su tiempo.[27]

Pablo subraya el hecho de que la muerte que sufrió Jesús ocurrió en la cruz. Una muerte que se practicaba en el Imperio Romano, pero que habría sido inventada por los persas. En todo caso, era una muerte horrible, reservada para los criminales más crueles. Una muerte cruel para un criminal cruel. Muerte que significaba, en el sentido teológico, "ser maldición" (cf. Gá. 3.13). En la insuperable poesía de Jorge L. Borges:

> ... *Dios quiere andar entre los hombres*
>
> *Y nace de una madre, como nacen*
>
> *Los linajes que en polvo se deshacen,*
>
> *Y le será entregado el orbe entero,*

---

[26] Karl Staab, *Cartas a los Tesalonicenses y Cartas de la Cautividad, Comentario de Ratisbona al Nuevo Testamento*, vol. VI, trad. Florencio Galindo, Barcelona: Herder, 1974, p. 269.

[27] Gustavo Gutiérrez, *Evangelización y opción por los pobres*, Buenos Aires: Paulinas, 1987, p. 21.

*Aire, agua, pan, mañanas, piedra y lirio,*

*Pero después la sangre del martirio,*

*El escarnio, los clavos y el madero.*[28]

e. "Por eso Dios lo exaltó hasta lo sumo y le otorgó el nombre que está sobre todo nombre" (v. 9 NVI). Este versículo marca el cambio desde el descenso al que Jesús llegó hasta la exaltación a la que Dios lo llevó. La expresión "por eso" hay que interpretarla como una referencia a todo ese proceso de humillación voluntaria a la que el Hijo de Dios se sometió. Debido a ello, Dios lo exaltó en forma suprema y le dio un nombre superior a todo otro. La exaltación se refiere a su ascensión a los cielos que está afirmada más claramente en Efesios 4.10.

En cuanto al nombre de Jesús, se plantea un problema de exégesis. ¿Cuál es ese nombre al que se refiere Pablo? Staab entiende que "todo cuanto existe en el universo, debe hacer esta confesión: 'Señor, Jesús, Cristo'. En la fórmula, probablemente, no sólo el término 'Señor' sino los tres tienen valor de títulos de dignidad."[29] Pero más bien me inclino a pensar que Pablo se refiere a un nombre en particular. La idea es que "al nombre de Jesús", es decir, cuando se pronuncie el nombre de Jesús, todos doblen sus rodillas y reconozcan que El es el *Kyrios*, el Señor. Es importante observar con Fitzmyer que "el himno alude a Is. 45.23 y transfiere al nuevo *Kyrios* la adoración que allí se rendía a Yahvé."[30]

---

[28] Jorge Luis Borges, "Juan 1,14" en *El otro, el mismo, Obras completas,* 20 edición, Buenos Aires: Emecé editores, 1994, p. 271

[29] *Op. cit.*, p. 271.

[30] *op. cit.*, p. 633. Esta es también la interpretación de R. H. Fuller que, luego de un sólido trabajo exegético concluye: "En la estancia final del himno, el nombre otorgado al Exaltado se identifica con KYRIOS, la traducción de *Yhwh* de los LXX", *Fundamentos de la cristología neotestamentaria*, trad. J. José del Moral, Madrid: Cristiandad, 1979, p. 225.

En su análisis del himno cristológico de Filipenses 2, John Yoder [31] considera que la razón por la cual Pablo cita este himno era para instar a los cristianos de Filipos a tener una actitud menos egoísta y más fraternal en la comunidad. Y, en cuanto a la renuncia a "ser igual a Dios" es decir, su vaciamiento (*kénosis*) indica tres posibles interpretaciones de esa renuncia: A. Renuncia a la deidad; B. Renuncia a "La semejanza con Dios que le fuera prometida a Adán por la serpiente —es decir- el dominio autónomo sobre la creación." C. Renuncia a la clase de divinidad que César reclamaba para sí. Concluye que su vaciamiento (*kénosis*) [32] y su aceptación de la forma de siervo constituyen el camino de su victoria al ser exaltado hasta lo sumo de modo que toda lengua confiese que "Jesucristo es el Señor".

De este himno cristológico quedan algunas lecciones importantes para nosotros. En primer lugar, Jesús se constituye en el modelo de nuestro sentimiento y nuestra aspiración en la vida. El vino para servir y darse por los demás. Aunque era Dios no se aferró a esa condición sino que estuvo dispuesto a despojarse, a vaciarse de su dignidad y gloria para reducirse a la forma de un siervo, uno como los demás. Como si fuera poco, se humilló hasta la muerte y muerte de cruz. Esto implica la necesidad de que nosotros tampoco tomemos nuestra dignidad de hijos de Dios como algo a que aferrarnos para vivir "entre las nubes", sino que nos despojemos a nosotros mismos y seamos uno más entre los pecadores, dispuestos al sacrificio por los demás. En segundo lugar, Jesús nos

---

[31] John Yoder, *Jesús y la realidad política,* Buenos Aires: La Aurora, 1985, p. 173.

[32] La palabra griega *kénosis* es reconsiderada por la filosofía del pensador italiano Gianni Vattimo, quien entiende que esa palabra representa el modo de hablar de Dios en la posmodernidad. Véase Gianni Vattimo, *Después de la cristiandad. Para un cristianismo no religioso,* trad. Carmen Revilla, Buenos Aires. Paidós, 2004. Para un análisis crítico de su propuesta véase Alberto F. Roldán, "La *kénosis* de Dios en el pensamiento de Gianni Vattimo. Hermenéutica después de la cristiandad", *Cuadernos de teología,* vol. XXIII, Buenos Aires. Instituto Universitario Isedet, Buenos Aires, 2004, pp. 329-342.

enseña que el camino de la exaltación es el camino de la cruz. Es por la cruz que el Hijo de Dios es exaltado a lo sumo. Si aspiramos a la gloria, tomemos la cruz cada día y sigamos a Jesús. Y, en tercer término, cuando proclamamos a Jesús como Señor, sepamos que toda rodilla debe doblarse y todo debe rendirse ante su soberanía absoluta. Un día, esto tendrá concreción cósmica. Por ahora, nosotros somos las primicias de ese reconocimiento. ¡Disfrutémoslo con alegría y devoción!

2.2. El señorío de Jesucristo se extiende durante todo el proceso salvador en nosotros.

La salvación de Dios en Jesucristo se da en etapas. Tiene un pasado, un presente y un futuro. Al creer en Jesucristo, al confesarlo como Señor, somos salvos. Salvos de la ira venidera, salvos del juicio final (ver 1 Ts. 1.10; Jn. 3.16ss.). Independientemente del punto de vista teológico que pueda tenerse respecto a la salvación, es decir, si ella se pierde o no se pierde, un hecho es claro: para quienes estamos unidos a Jesucristo ya no hay ninguna condenación (ver Ro. 8.1). Esa seguridad no radica ni en nuestros sentimientos ni en nuestras presunciones sino en la obra de Jesucristo a nuestro favor en la cruz, y en la aplicación de esa obra en nuestros corazones por el Espíritu Santo. Al estar unidos a Jesucristo, ya nadie nos condenará, ni siquiera el diablo como gran acusador podrá lograr su cometido. En Cristo ya somos salvos y esta realidad nadie puede cambiarla. ¡Aleluya!

Pero la salvación también tiene un presente, en el sentido de ser salvos del poder del pecado en nuestra experiencia. Esta idea de salvación presente, de "estar siendo salvados" la encontramos en pasajes como 1 Corintios 1.18 que la *Nueva Biblia Española* traduce: "De hecho, el mensaje de la Cruz para los que se pierden resulta una locura; en cambio, para los que se salvan, para nosotros, es un portento de Dios".

También Pablo enfoca la salvación actual en varios pasajes de Romanos. En primer lugar, en Romanos 6.1-14 el apóstol se pregunta si vamos a perseverar en el pecado para que la gracia de Dios aumente. Esta idea está conectada con la afirmación que hizo en 5.20. La respuesta de Pablo es que ello no debe ni ocurrírsenos. "¡Ni pensarlo!" es la idea de la expresión "en ninguna manera" (v. 2). La razón es que no podemos estar vivos y estar muertos al mismo tiempo a la misma cosa. Si digo "morí al cigarrillo", sería una contradicción si ustedes me ven después prendiendo un *pucho* [33]. Entonces, tendrían toda razón de decirme: "¿En qué quedamos? ¿Moriste o no?" Pablo dice que hemos muerto con Cristo y que dramatizamos esa muerte a través del bautismo. Somos sepultados con Jesucristo para ser resucitados con él para que "el cuerpo del pecado sea destruido, a fin de que no sirvamos más al pecado" (v. 6). El morir al pecado, que Pablo afirma en el v. 7 ("porque el que ha muerto, ha sido justificado del pecado") hay que interpretarlo no en el sentido de ser como "un perro muerto que no reacciona a los estímulos", sino en el sentido de que el pecado ya no tiene derechos sobre nosotros. La razón es que una vez que muere alguien perseguido por la justicia, la muerte termina con la culpa. Ya la justicia no puede demandarlo más. A partir del v. 11 Pablo nos invita a considerarnos, juzgarnos, muertos al pecado. La NBE traduce: "ténganse por muertos al pecado y vivos para Dios, mediante el Mesías Jesús". El señorío de Jesucristo en nuestra experiencia actual, nos permite tener victoria sobre el poder del pecado en nosotros. Antes, obedecíamos al pecado, a sus malos deseos, a sus exigencias nefastas, lo que nos conducía a una muerte en vida, porque ningún resultado positivo teníamos de ese tipo de servicio. Ahora, somos libres en Cristo, pero sirviendo a Cristo. Como remate final, dice Pablo: "el pecado no tendrá dominio sobre ustedes, porque ya no están en régimen de Ley, sino en régimen de gracia" (v. 14 NBE).

---

[33] Término popular argentino para referirse al cigarrillo.

La misma idea del señorío de Jesucristo se ve en el final del capítulo 13. Allí, luego de una fundamental sección ética, que arranca en 12.1, Pablo dice:

> Y más conociendo las circunstancias; ya es hora de despertarse del sueño, porque ahora tenemos la salvación más cerca que cuando empezamos a creer. La noche está avanzada, el día se echa encima; dejemos las actividades propias de las tinieblas y pertrechémonos para actuar en la luz. Comportémonos como en pleno día, con decoro: nada de comilonas ni borracheras, nada de orgías ni desórdenes, nada de riñas ni porfías. En vez de eso, revístanse del Señor, Jesús Mesías, y no fomenten los bajos deseos (NBE).

Pablo utiliza dobles opuestos, tales como luz/tinieblas, estar despiertos/estar dormidos, y nos invita a revestirnos del Señor Jesucristo, única manera de alcanzar victoria sobre los bajos instintos (*sarx*=carne). Es interesante que mientras que en Efesios 4.24 exhorta a vestirse del hombre nuevo sin decir quien es, aquí, claramente, nos dice que ese nuevo hombre es el Señor Jesucristo. Revestirse de Jesucristo es lo que nos permite vencer el pecado. De esto se trata cuando hablamos del señorío de Jesucristo en nuestra salvación actual.

A esta altura de nuestra reflexión, es oportuno aclarar en qué sentido podemos hablar de ser salvos por el señorío de Jesucristo. De ninguna manera debemos interpretarlo como algo meritorio, a manera de acumulación de méritos que vamos logrando a medida que nos rendimos a Jesucristo. En tal caso, estaríamos tergiversando la clara enseñanza de la Biblia, de que la salvación siempre es por gracia y por la fe (cf. Ro. 5.1; Ef. 2.1-8). En otros términos, no es posible afirmar que somos justificados por gracia y luego aseguramos esa salvación por las obras. En tal caso, se aplicaría la enseñanza de Pablo a los gálatas, que mezclaban la gracia con las obras.

> Ustedes, los que quieren ser reconocidos como justos por cumplir la ley, se han apartado de Cristo, han rechazado la generosidad de Dios. Pero nosotros, por medio del Espíritu tenemos la esperanza de alcanzar la justicia basados en la fe (Gá. 5.4, 5).

Entender la salvación mediante el señorío de Jesucristo como una acumulación de obras meritorias significa tergiversar el sentido bíblico de la salvación. Esta es siempre por la gracia y mediante la fe. De lo que se trata es de comprender que quien no vive bajo el señorío de Jesucristo se engaña a sí mismo, pensando que puede aceptar a Jesús sólo como Salvador pero sin someterse a su gobierno. La salvación, en consecuencia, empieza por la fe y sigue por la fe. Depende siempre de la gracia salvadora de Dios y se verifica en todo aquel que vive bajo el gobierno de Jesucristo el Señor. Bien se ha dicho que en la Biblia la salvación es gracia y la conducta es signo de gratitud. De ninguna manera la santificación debe ser considerada como una etapa de acumulación de méritos para la salvación. Como explica Rudolf Bultmann:

> Nuestro intento radical de desmitologizar el Nuevo Testamento es de hecho un paralelo perfecto de la doctrina de San Pablo y Lutero de la justificación por la fe solamente aparte de las obras de la Ley. O más bien, lleva esta doctrina a su conclusión lógica en el campo de la epistemología. Como la doctrina de la justificación, destruye toda falsa seguridad y toda falsa demanda de seguridad de parte del hombre, sea que él la busque en sus buenas obras o en su conocimiento verificable. El hombre que desea creer en Dios como su Dios debe comprender que no tiene nada en la mano sobre lo cual basar su fe. Está suspendido en medio del aire y no puede demandar una prueba de la Palabra que se dirige él. Porque el terreno y el objeto de fe son idénticos. La seguridad puede encontrarse sólo abandonando toda la seguridad, estando prontos,

como lo expresa Lutero, a sumergirse en la oscuridad interior. La fe en Dios significa la fe en la justificación,. una fe que rechaza la idea de que ciertas acciones pueden ser catalogadas como transmisoras de la santificación.[34]

La conclusión que surge es la siguiente: se puede cuestionar a Bultmann por muchas cosas, entre otras, discutir su proyecto de desmitologización[35] pero lo que no cabe duda alguna, es que recupera la centralidad del kerygma neotestamentario: la cruz de Cristo, el verdadero escándalo con el que debe ser confrontado el ser humano en su aquí y ahora. El texto transcripto, prácticamente la conclusión del libro, muestra claramente que para Bultmann -siguiendo a San Pablo y a Lutero- no hay ninguna seguridad fuera de la justificación por la gracia y mediante la fe.

Para finalizar nuestra referencia a Romanos 13, recordamos un hecho de la historia de la Iglesia. Allá por el año 365, hubo alguien que en un huerto oyó la voz de un niño o una niña que le decía: "Toma y lee". Se vio impulsado a hacerlo. Leyó donde primero abrió la Biblia. Y el texto era Romanos 13.13-14. Y dijo: "No leí más. Sentí que una luz como de un rayo vino sobre mí". Así se convirtió San Agustín de Hipona, el gran teólogo de la Iglesia de Cristo. El también experimentó el señorío de Jesucristo en la salvación presente.

## 3. El señorío de Jesucristo en nuestra salvación implica esperar su venida en gloria

---

[34] Rudolf Bultmann, *Nuevo Testamento y mitología*, trad. Antonio Bonnano, Buenos Aires: Almagesto, 1988, p. 101

[35] Para un análisis crítico de la desmitologización y la fe en el pensamiento de Bultmann véase Alberto F. Roldán, "La fe como evento existencial-escatológico en el pensamiento de Rudolf Bultmann. De la filosofía de Martín Heidegger al planteo teológico", *Franciscanum, Revista de las ciencias del espíritu*, vol. LV, Nro. 160, Bogotá: Universidad de San Buenaventura, julio-diciembre de 2013, pp. 165-194.

Decíamos que el señorío de Jesucristo se extiende a las tres etapas o tiempos de nuestra salvación: el pasado, el presente y el futuro. Así como Jesucristo es Señor desde el llamado a seguirlo, y así como su señorío implica someternos a El durante nuestra experiencia actual, también, hacia el futuro, implica esperar su gloriosa venida. ¿Qué significa esto? ¿Cómo debemos estar esperándolo? ¿Qué implicaciones tiene esa espera?

3.1. Debemos esperar a Jesús, velando.

Esperar alerta a Jesús es una idea que está presente en varios pasajes del Nuevo Testamento. Vamos a referirnos a dos de ellos: Mateo 24.42-51 y 1 Ts. 4.13-5.9.

En el primer pasaje, Jesús se refiere a la venida del Hijo del Hombre en gloria. Luego de describir algunas conmociones cósmicas, como estrellas que caerán, el sol que se oscurecerá y la luna que no dará su resplandor (v. 29), y de otros signos como la higuera que cuando su rama está tierna y brotan sus hojas se acerca el verano, Jesús centra su mensaje en la necesidad de velar: "Velad, pues, porque no sabéis a qué hora ha de venir vuestro Señor" (v. 42 RV 60). La metáfora que Jesús utiliza es la del ladrón que viene cuando menos lo esperamos. Velar significa estar preparados en todo momento. El Señor llama "fiel y prudente" al siervo que esté velando, mientras considera como "malo" al que, especulando por la aparente tardanza del Señor, se dedique a una vida de pecado, de comilonas y borracheras. Hay una gran promesa para el siervo que esté esperando al Señor: "sobre todos sus bienes le pondrá" (v. 47 RV 60). Mientras tanto, el negligente sufrirá castigo y tendrá su parte con los hipócritas. En lenguaje muy gráfico, Jesús dice que este siervo hipócrita tendrá su lugar donde será "el lloro y el crujir de dientes", metáfora que alude al infierno. ¿Cómo tenemos que interpretar este final? Se trata de hipócritas que se hacen pasar por siervos de Jesucristo, pero en realidad no pertenecen al Señor. Jesús es claro al indicar que los verdaderos siervos son los que esperan al Señor, no los que se dedican a una vida de pecado y corrupción. La radicalidad de Jesús implica que El no admite a siervos que dicen una cosa y hacen otra. Como dice el tango argentino: "hoy una promesa, mañana una traición" o, en moderna relectura de carácter político, "hoy una promesa, mañana una contradicción".

Con respecto a vivir alerta, Barclay comenta:

> a fin de comprender bien esta imagen, debemos recordar que la guardia que monta el cristiano en espera de la venida de Cristo no es la guardia del miedo ni la aprensión que paralizan. Se trata de una ansiosa expectativa del advenimiento de la gloria y la alegría.[36]

Sólo cuando esperamos a Jesús por amor, por el intenso deseo de verlo venir en gloria, cumplimos con la voluntad del Señor y recibimos su bendición.

3.2. Debemos esperar a Jesús, con esperanza activa.

Tratemos de descubrir el mensaje de 1 Tesalonicenses 4.13-5.18, pasaje que se refiere a la gloriosa venida del Señor y su impacto sobre nuestra vida actual.

a. La situación de los lectores era de tristeza por la muerte de sus seres queridos. Carecían de información acerca de los creyentes que habían muerto.

b. El intento fundamental de Pablo es alentarlos con la esperanza de la resurrección. Jesús murió pero resucitó. También Dios traerá con Jesús a los que han dormido en El.

c. Pablo ofrece una revelación: los que vivamos al momento de la segunda venida de Cristo no precederemos a los que durmieron.

---

[36] William Barclay, *Mateo II*. Trad. María Teresa La Valle, Buenos Aires: La Aurora, 1973, p. 323.

d. Jesús vendrá con voz de arcángel y trompeta de Dios. Al venir Jesús, los muertos en Cristo han de resucitar (cf. 1 Co. 15.23, 51-58).

e. Los que vivamos al momento de la venida del Señor seremos arrebatados y así estaremos con El y con todo su pueblo para siempre.

f. Esta revelación debe alentarnos mutuamente.

g. Como aplicación al presente, Pablo dice que en cuanto a tiempos y oportunidades no es necesario que escriba. Lo seguro es que Jesús vendrá cuando menos se lo espere el mundo. Cuando digan "todo está bien", vendrá sobre la gente incrédula destrucción repentina.

h. El mundo está en tinieblas; por eso Jesús vendrá como ladrón en la noche.

Nosotros somos del día, del día del Señor. Por lo tanto, se yerguen las siguientes exigencias:

- no dormirnos

- velar: montar guardia.

- ser sobrios, moderados, equilibrados.

- vestirnos con las armas de la luz: fe, amor y esperanza (cf. 1.3).

## Conclusión

Hemos expuesto distintas etapas del señorío de Cristo en nuestra salvación. Esa salvación, como hemos visto, no es una experiencia meramente instantánea, sino que es un proceso de varias etapas. Tanto la segunda como la tercera etapa del proceso salvador tienen como meta la santificación de nuestra vida. Así como estamos somos salvados al rendirnos cada día al señorío de Jesucristo, seremos salvados plenamente de toda presencia del pecado cuando El venga en gloria. La expectativa de su venida es lo que produce en nosotros una búsqueda de ser como El es. Esto es lo que enseña Juan en un breve texto: "todo aquel que tiene esta esperanza en él, se purifica a sí mismo, así como él es puro" (1 Jn. 3.3). Comentando este pasaje, escribe Karl Barth:

> El propósito de Dios en su juicio es la santificación del hombre, es decir, su dirección, preparación y ejercicio para la vida eterna ordenada y prometida. La vida eterna es una vida que, destinada al hombre en su carácter de criatura, está investida con la propia gloria de Dios...[37]

La gloriosa venida de Jesucristo no es un tema para polemizar, especular o esquematizar. Más importante que establecer una cronología de acontecimientos escatológicos, es que Dios nos llama a vivir despiertos, alerta, montando guardia. Dios nos llama a ser equilibrados y vestirnos con las armas de la luz.

*Señor Jesucristo,*

>*Te doy gracias porque tú eres mi Señor.*

>*Señor de mi salvación desde que me llamaste a seguirte.*

>*Señor de mi salvación en toda mi vida de crecimiento en la gracia.*

>*Señor de mi futuro de gloria.*

>*Aumenta mi fe en ti, aumenta mi esperanza,*

>*sobre todo, aumenta mi amor, para que la espera de tu venida*

---

[37] Karl Barth, *Church Dogmatics*, II/2, cit. por Bernard Ramm, *Them He Glorified*, Grand Rapids: Eerdmans, 1963, p. 75.

*no sea en mi vida una espera estática, sino una espera plena de acción en el servicio para ti, sirviendo a mis hermanos.*

*Para la gloria de tu santo nombre. Amén y amén.*

## Preguntas para reflexión y estudio

1. ¿Qué lugar quiere ocupar Jesús en nuestra vida?
2. ¿Qué significa que debemos "aborrecer a padre y madre" al aceptar el señorío de Jesús?
3. ¿Podemos seguir a Jesús sin someternos a su gobierno? ¿Por qué?
4. ¿Qué significa confesar a Jesús como Señor? ¿Qué consecuencias debe tener en la vida de quien hace la confesión?
5. ¿Qué parte del himno que aparece en Filipenses 2.5-11 le impacta más? ¿Por qué?
6. ¿Cómo podemos morir al pecado?
7. ¿Qué formas de predicación en las iglesias sobre la santificación reflejan una tendencia a enfatizar una salvación por obras?
8. ¿Cómo debemos esperar a Jesús en su regreso en gloria?

## Capítulo 4

## Jesucristo: Señor del trabajo

> *El trabajo que el hombre realiza, trabajo fundado en el Paraíso, es una acción co-creadora de los hombres. Mediante el trabajo, es creado todo un mundo de cosas y valores, un mundo destinado a la glorificación y al servicio de Jesucristo.*
>
> *Dietrich Bonhoeffer*

Una de las áreas fundamentales del señorío de Jesucristo es la del trabajo. Aunque se ha afirmado que "el vivo vive del zonzo y el zonzo de su trabajo", y desde el tango argentino Carlos Gardel cantaba "haragán, si encontrás al que inventó el laburo, lo fajás"[38], lo cierto es que todos nosotros debemos trabajar, estar ocupados en alguna labor, ya sea intelectual o manual. Lo importante es que nos demos cuenta de que Jesucristo debe ser Señor de nuestro trabajo. ¿Qué implicaciones tiene esto para nuestra vida de discípulos? ¿Cómo se verifica el señorío de Jesucristo en nuestro trabajo? ¿Cómo encaramos nuestro trabajo? Nuestra tesis es la siguiente:

**El señorío de Jesucristo significa la reivindicación de nuestro trabajo y la reafirmación de nuestra vocación en el mundo.**

**1. El señorío de Jesucristo significa la reivindicación de nuestro trabajo.**

---

[38] Los términos "*laburo*" y "*fajás*", vienen del lunfardo, un idioma de los suburbios y significan "trabajo" y "castigas", respectivamente.

El trabajo es parte esencial de nuestra naturaleza humana y la misión esencial que Dios ha encargado al hombre desde su creación. Existe una larga tradición, que no por antigua deja de ser equivocada. Muchos creen que el trabajo es consecuencia del pecado de Adán y Eva. En realidad, las cosas no fueron así. En Génesis se nos dice que Dios puso al hombre en el huerto para que lo cultivara y lo cuidara (Gn. 2.15). Efectivamente, la primera misión del hombre fue cuidar la tierra, el hábitat en el que debía vivir. Dios no le dijo: "mira las estrellas y piensa en mí", sino: "esta tierra es el ámbito en el que debes trabajar, cuidando, ampliando, embelleciendo la tierra". El trabajo humano corresponde no al pecado sino a la buena creación de Dios. Mediante el trabajo, que incluía su cuerpo, su mente, su inteligencia y su capacidad artística, el hombre debía demostrar que era imagen de Dios.

Explicando el sentido del trabajo como mandato de Dios al hombre, dice Dietrich Bonhoeffer:

> El trabajo que el hombre realiza, trabajo fundado en el Paraíso, es una acción co-creadora de los hombres. Mediante el trabajo, es creado todo un mundo de cosas y valores, un mundo destinado a la glorificación y al servicio de Jesucristo. No se trata, pues, de una creación de la nada, como lo es la creación divina, sino de un crear cosas nuevas, basándose en la primera creación de Dios.[39]

El Dios de la Biblia es un Dios de actividad. Es el Creador de los cielos y la tierra. Su trabajo de creación implica inteligencia, sabiduría, concentración, planificación y, tal vez, cansancio. Porque después de haber hecho los cielos y la tierra, los animales y el hombre, Dios descansó el séptimo día de su obra de

---

[39] Dietrich Bonhoeffer, "Los cuatro mandatos", en *Etica*, de la edición alemana, cit. por Manuel Gutiérrez Marín, Madrid: Irmayol, 1965, p. 192

creación (Gn. 2.2). Samuel Escobar contrasta al Dios de la Biblia con los dioses paganos y dice:

> Al comienzo mismo de la Biblia encontramos a Dios en acción, haciendo algo, creando los cielos y la tierra. Dios, el Dios de la Biblia, al que Cristo vino a revelar, es un Dios activo; no es un aristócrata griego que vive en estática contemplación o en absurdas bacanales en el Olimpo.[40]

Jesús afirma: "mi Padre hasta ahora trabaja, y yo trabajo" (Jn. 5.17). Dice que "el Padre que mora en mí, él hace las obras" (Jn. 14.10). El trabajo de Dios abarca tres esferas fundamentales: la creación, la preservación y la redención. La creación es un sistema abierto. Esto significa que Dios sigue activo en su labor creadora. Por otra parte, Dios preserva mediante su providencia todo lo que ha creado. En el Salmo 104, especialmente en los versículos 10 al 30, encontramos un cuadro pictórico de la manera en que Dios cuida de su creación. El Nuevo Testamento atribuye a Jesucristo la tarea de sustentar, es decir, mantener en coherencia todas las cosas (Col. 1.17 y He. 1.3).

En cuanto a la tarea redentora, Dios está permanentemente activo. Obra por su Espíritu para que los pecadores sean convencidos de su culpabilidad y vengan a Cristo (Jn. 16.8-11). El Espíritu Santo es el que aplica la obra redentora que Dios ha hecho en Jesucristo.

Pero el pecado ha degradado el trabajo humano. El pecado ha penetrado en toda la creación de Dios. Toda ella está reducida a inutilidad, a esclavitud (Ro. 8.19 ss.). ¿En qué formas se ha degradado el trabajo humano?

---

[40] Samuel Escobar, *Diálogo entre Cristo y Marx y otros ensayos*, Lima: publicaciones AGEUP, 2da. edición, 1969, p. 42.

En primer lugar, produce fatiga y dolor. La fatiga, el dolor, el sudor, el cansancio, no pertenecen a la esencia del trabajo. Son consecuencia del pecado (Gn. 3.17-19).

En segundo lugar, el trabajo produce insatisfacción. El Eclesiastés reflexiona: "¿Qué saca el hombre de todas las fatigas que lo fatigan bajo el sol?" (1.3 NBE). "¿Qué saca el hombre de todos los trabajos y preocupaciones que lo fatigan bajo el sol? De día su tarea es sufrir y penar, de noche no descansa su mente. También esto es vanidad" (2.22-23 NBE). Varias veces el Predicador insiste en que el disfrute de los trabajos que el hombre hace es un don de Dios, el cual no muchos alcanzan, precisamente porque no tienen una vida armoniosa con El (cf. 5.17-18).

En tercer lugar, la degradación del trabajo es la explotación. Esto se ha dado casi como una constante en la historia humana. Israel vivió esclavizado en Egipto, fenómeno registrado en Exodo (véanse 1.11-14 y 2.23). En la perspectiva profética, hallamos a voceros de Dios como Amós y Miqueas que denuncian la explotación de los pobres (Am. 1.6 y 5.11). Miqueas se lamenta por los explotadores que piensan el mal en sus camas y cuando llega la mañana lo ejecutan porque tienen en su mano el poder (Miq. 2.1,2; cf. 5.4), es decir, que tienen "la sartén por el mango…y el mango[41] también", en feliz relectura de la poetisa argentina María Elena Wash. También el Nuevo Testamento se hace eco de la explotación de los pobres, en pasajes como Santiago 5.4.

En la Argentina –y seguramente otros países de América Latina y el mundo- la explotación se da en variadas formas: sueldos de hambre, despidos sin indemnización, ("vacaciones sin goce"), flexibilización laboral y, sobre todo,

---

[41] Término del lunfardo argentino. Significa "dinero", "plata". En este caso, se hace un juego de palabras al decir: "la sartén por el mango y el mango también", según la creativa poeta argentina María Elena Walsh.

desocupación. No dar trabajo al obrero y empleado es quitarle un derecho humano fundamental, porque es privarlo de que se gane el pan con el sudor de su frente. En la encíclica *Laboren Exercens*, se afirma que "*El trabajo es una de las características que distinguen* al hombre del resto de las criaturas, cuya actividad, relacionada con el mantenimiento de la vida, no puede llamarse trabajo".

El problema de la desocupación es analizado agudamente en palabras del teólogo y poeta Pedro Casaldáliga:

> Estamos viviendo el maltusianismo social que prohíbe la vida a las mayorías. Esta es la doctrina de los teólogos del neoliberalismo, o sea, un 15% de la humanidad tiene el derecho de vivir bien y el resto es el resto. Contrariamente a lo que dice la Biblia, de que el resto de Israel es el resto de los pobres que deben abrir caminos de vida y de esperanza para las mayorías. El neoliberalismo es la marginalización fría de la mayoría sobrante. O sea, salimos de la dominación para la exclusión. Y, como se dice, ser explotado hoy es un privilegio, porque muchos ni siquiera alcanzan la "condición" de explotados, ya que con el empleo poseen.[42]

El señorío de Jesucristo jamás puede darse en un ámbito de injusticias sociales, donde privan los móviles individualistas y donde diariamente se sacrifican vidas humanas en el altar del Mercado o de Mamón. La desocupación en la Argentina, que llegó a niveles históricos en los últimos años, es uno de los flagelos

---

[42] Pedro Casaldáliga, "El Evangelio contra una economía sin sociedad", revista *Reflexión y liberación*, Año VII, Nro. 24, Santiago, Chile, enero-febrero 1995, p. 5. Malthus era un clérigo anglicano que sostuvo que no había que promulgar leyes para ayudar a los pobres, pues en tal caso tendríamos un incremento de pobres en la sociedad.

sociales más graves que sufren los obreros y empleados. Precisamente, otro poeta, el argentino Juan Gelman, elaboró "La oración de un desocupado" [43]

## La oración de un desocupado

*Padre, desde los cielos bájate, he olvidado*

*las oraciones que me enseñó la abuela;*

*pobrecita, ella reposa ahora,*

*no tiene que lavar, limpiar, no tiene*

*que preocuparse andando el día por la ropa,*

*no tiene que velar la noche, pena y pena,*

*rezar, pedirte cosas, rezongarte dulcemente.*

*Desde los cielos bájate, si estás, bájate entonces,*

*que me muero de hambre en esta esquina,*

*que no sé de qué sirve haber nacido,*

*que me miro las manos rechazadas,*

*que no hay trabajo, no hay,*

*bájate un poco, contempla*

*esto que soy, este zapato roto,*

*esta angustia, este estómago vacío,*

---

[43] Cit. por Leonardo Boff, *El Padrenuestro*, Buenos Aires: Ediciones Paulinas, 1985, pp. 33-34

*esta ciudad sin pan para mis dientes, la fiebre*

*cavándome la carne, este dormir así,*

*bajo la lluvia, castigado por el frío, perseguido.*

*Te digo, que no entiendo, Padre, bájate,*

*tócame el alma, mírame el corazón,*

*yo no robé, no asesiné, fui niño*

*y en cambio me golpean y golpean,*

*te digo que no entiendo Padre, bájate,*

*si estás, que busco resignación en mí y no tengo*

*y voy a agarrarme la rabia y a afilarla*

*para pegar y voy a gritar a sangre en cuello*

*porque no puedo más, tengo riñones*

*y soy un hombre, bájate, ¿qué han hecho*

*de tu criatura, Padre? ¿Un animal furioso*

*que mastica la piedra de la calle?*

Se trata de una poesía desesperada, que revela la búsqueda de respuesta para una situación de hambre. La oración manifiesta un poco de fe, pero también proyecta dudas sobre Dios. La desocupación, las manos rechazadas, la falta de pan para sus dientes, convierte a la persona humana, criatura de Dios, en un animal furioso que mastica la piedra de la calle. Por eso, de la desesperación y desde la degradación del trabajo, tenemos que ir a Jesús, quien reinvindica el trabajo humano.

Jesús reivindica el trabajo humano. ¿Cómo lo hace? En primer lugar, siendo él mismo un trabajador. Jesús fue obrero, obrero manual, concretamente carpintero (Mr. 6.3), que aprendió el oficio seguramente de José (Mt. 13.55). Muchas de las enseñanzas de Jesús fueron ilustradas con imágenes del trabajo, la labor y los salarios. (Lc. 19.11-27). Jesús afirmó que el obrero es digno de su salario (Mt. 10.10).

En segundo lugar, Jesús reivindica el trabajo afirmando que su misión en la tierra fue trabajar, es decir, hacer la voluntad del Padre (ver Jn. 4.31-34). Dijo que así como el Padre celestial trabajaba, él también trabajaba. El trabajo de Jesús, su misión en la tierra, era tan intensa y agotadora, que muchas veces terminaba el día muy cansado. En alguna ocasión quiso ir al otro lado del lago para descansar un poco, y cuando la gente se enteró, de inmediato fueron a verlo. No había descanso para Jesús. Vivió trabajando.

## 2. El señorío de Jesucristo en nuestro trabajo significa la reafirmación de nuestra vocación en el mundo

Jesús reafirma la vocación del cristiano en el mundo. Si el mundo es de Dios, y si Dios es bueno, entonces debemos entenderlo como plenamente interesado en su mundo Esto significa que no hay dos esferas, una espiritual y otra secular. Significa que todo trabajo debe ser realizado en términos de la vocación o llamado que Jesucristo nos hace en el mundo.

Es importante aquí, rescatar la concepción que Lutero tiene respecto al trabajo. Con la palabra alemana *beruf*, se refería al hecho de que el cristiano debe encarar todo trabajo como una misión a la que ha sido llamado o vocacionado por Dios. Lutero rompe con la idea medieval de que existen labores más espirituales y más dignas que otras, por ejemplo, que ser monje o monja tiene mayor virtud que ser zapatero. Lo importante es la vocación a la que Jesucristo nos llama y no el tipo de trabajo en sí mismo. Max Weber, uno de los más importantes sociólogos que estudió la influencia del protestantismo en el mundo moderno, dice acerca de *beruf* (vocación):

> Si el sentido literal es nuevo, también es nueva la idea: fruto de la Reforma. En tiempos del medioevo no surgieron las dudas, así como tampoco la hubo en la antigüedad (en el helenismo de la última etapa) para esa estimación del trabajo diario en el mundo, que lleva en sí la idea de profesión [...] En cualquier caso, lo nuevo, de manera absoluta, era que el contenido más honroso del propio comportamiento moral consistía, precisamente, en la conciencia del deber en el desempeño de la labor profesional en el mundo. Esa era la ineludible secuela del sacro sentido, por así decir, del trabajo y de lo que derivó en el concepto ético-religioso de profesión: concepto que traduce el dogma extendido a todos los credos protestantes, opuesto a la interpretación que la ética del catolicismo divulgaba de las normas evangélicas en *praecepta* y *consilia* [mandatos y consejos] y que como única manera de regirse en la vida que satisfaga a Dios acepta no la superación de la moralidad terrena por la mediación del ascentismo monacal, sino, ciertamente, la observación en el mundo de los deberes que a cada cual obliga la posición que tiene en la vida, y que por ende viene a convertirse para él en "profesión".[44]

---

[44] Max Weber, La ética protestante y el espíritu del capitalismo, trad. José Chávez Martínez, México: Premia editora, 1981, pp. 48, 49. Respecto a las famosas tesis de Max Weber, según las cuales el capitalismo surge a partir de la influencia del protestantismo debemos hacer algunas precisiones. En primer lugar, Josyr Kowalski dice: "Weber jamás formuló la tesis de que la religión protestante dio vida al modo de producción capitalista. Semejante opinión se debe por entero a sus críticos e intérpretes, y

La lección importante que se deriva de esto es que todo trabajo y profesión, eclesiástica o no, debe estar bajo el señorío de Jesucristo, debe ser tomado como una misión y llamado que Dios hace a cada uno. No hay labores más espirituales que otras. Simplemente, se trata de que cada uno debe estar seguro de la profesión a la que ha sido llamado por Jesucristo.

El señorío de Jesucristo en el trabajo requiere diligencia y dedicación. Hay dos textos paulinos que son claves en este sentido. El primero es Efesios 6.5 - 9. Aquí, Pablo dice que los siervos (en nuestro caso, trabajadores) deben obedecer a sus amos terrenales como si fuera a Cristo mismo. La expresión "no sirviendo al ojo" significa "no trabajando sólo cuando el patrón está mirándolos". La *Nueva*

---

es uno de los muchos errores y simplificaciones que pueden sobrevivir durante años en las páginas de los textos dedicados a las humanidades." S. Jozyr-Kowalski, citado en Sociología de la Religión, Buenos Aires: Fiet, 1997, p. 225. En segundo lugar, el teólogo Jürgen Moltmann ha señalado, por un lado, que la existencia del capitalismo es un hecho mucho más complejo que lo que nos dice una lectura superficial de las tesis de Weber y, por otro, que el mismo Weber, en su análisis, hizo excepción de Calvino. Por el contrario, se fundamentó en personajes posteriores, especialmente Benjamín Franklin, quien vivió ¡200 años después de Calvino! , ya en plena época del mercantilismo. Véase J. Moltmann, "la ética del calvinismo" en El experimento esperanza, trad. Santiago Vidal García y Rafael Velasco Beteta, Salamanca: Sígueme, 1986, pp. 98-108. Por su parte André Bieler ha afirmado de Calvino: "Haciendo referencia a la Escritura, el Reformador enseña que los bienes materiales son los instrumentos de la Providencia de Dios. El dinero, en cuanto representa esos bienes, es el medio utilizado por Dios para conceder al hombre lo necesario para su existencia y la de sus compañeros. La riqueza está puesta a disposición del hombre para que organice su vida y la de la sociedad de la cual es solidariamente responsable." El humanismo social de Calvino, trad. Antonio Cesari Galés, Buenos Aires: editorial Escatón, 1973, p. 33. Debemos consignar que las famosas tesis de Weber han sido objeto de varias críticas. Una de las más recientes es la que elaboró Moltmann. Básicamente, la crítica de Moltmann se fundamenta en dos hechos: que la génesis del capitalismo es mucho más complicada que lo que Weber insinúa y, sobre todo, que en toda su obra Weber no menciona nunca a Calvino. Para más datos, véase J. Moltmann, "La ética del calvinismo" en El experimento esperanza, trad. Santiago Vidal García y Rafael Velasco Beteta, Salamanca: Sígueme, 1976, pp. 98-108.

*Biblia Española* traduce: "No en lo que se ve, para quedar bien". Debemos servir de buena voluntad, como si fuera al Señor y no a los hombres. Claro que estas demandas al obrero cristiano también tienen su contrapartida en los deberes de los patrones, quienes no deben amenazar. Por implicación, los patrones deben cumplir con sus obreros, pagando a tiempo y salarios dignos. Todo esto suena como "ciencia ficción" en los días en que vivimos, pero responde al propósito original de Dios que es posible en un ámbito cristiano.

El otro pasaje paralelo al expuesto es Colosenses 3.22-25. En términos generales es similar al de Efesios, sólo que Pablo generaliza diciendo: "todo lo que hagáis, hacedlo de corazón, como para el Señor y no para los hombres" (v. 23). El "todo" implica, precisamente, que cualquiera sea la labor que debemos desarrollar (predicar, limpiar, enseñar, estudiar, barrer, pintar, etc.) debe ser hecha para el Señor, con el mayor empeño y dedicación. La recompensa vendrá de El, ya que "a Cristo el Señor servís" (v. 24). Con aguda percepción del tema, Daniel Migliore ha escrito:

> La vida cristiana es mucho más que aceptar el perdón de los pecados y más que una transformación personal. Es también la vocación para participar en la preparación de toda la creación para la venida de la nueva comunidad de justicia, libertad y paz en colaboración con el trino Dios.[45]

Jesucristo es quien dignifica tu vida y tu trabajo. No importa lo que la gente pueda pensar de tu labor: médico, ingeniero, pastor, maestro, alumno, lustrabotas, vendedor de diarios o pintor. Lo importante es saber que Jesucristo es Señor de tu trabajo y que en última instancia, no sirves a los hombres sino a Dios.

---

[45] Daniel L. Migliore, *Faith seeking understanding*, Grand Rapids: Eerdmans, 1991, p. 184.

## Conclusión

El señorío de Jesucristo sobre nuestro trabajo tiene implicaciones prácticas de suma importancia. Por un lado, ayuda a superar la frustración que habitualmente genera una labor poco remunerada y que tarde o temprano se torna rutinaria. Cuando un trabajador o empleado cumple con varios años en una misma labor, ello fácilmente tiende a provocar aburrimiento. Saber que Jesucristo es Señor de mi trabajo, reivindica mi actividad y convierte cada día en una nueva oportunidad de servicio a El, superando el tedio.

También el señorío de Jesucristo tiene mucho que ver con las injusticias sociales que se materializan en sueldos de hambre o, por lo menos, insuficientes para afrontar las demandas de una sociedad cada día más exigente. Esas injusticias muchas veces en nuestros países latinoamericanos son legitimadas mediante instrumentos legales que facilitan la explotación. Vayamos a un ejemplo concreto: ¿cómo es posible que una famosa cadena norteamericana de hamburguesas pague a sus operarios menos de dos dólares en la Argentina mientras por el mismo trabajo y por el mismo horario, abona cinco dólares en el país de origen? Se argumentará: "Pues, porque en Estados Unidos la vida es más cara." Dicha argumentación cae por su propio peso cuando constatamos -y en muchos casos sufrimos- el hecho de que la Argentina sea uno de los países más caros de América Latina y, en algunos aspectos, superando a los Estados Unidos. Lo más grave sucede cuando en iglesias o en instituciones cristianas evangélicas, el personal no percibe salarios dignos y, en ciertos casos, están "en negro", es decir, tener obreros y empleados no inscriptos ante el Estado con los beneficios de obra social, vacaciones y jubilación. Definitivamente, esas instituciones y quienes las representan, lejos están de vivir bajo el señorío de Jesucristo ya que la justicia del Reino de Dios implica dar salarios dignos a los obreros y empleados, siguiendo la perspectiva profética y el Nuevo Testamento (Amós 5; Miqueas 3, Santiago 5.1-6).

En un plano más específico, podemos decir que el señorío de Jesucristo también tiene que ver con el trabajo de la mujer. Una sociedad erigida en el "machismo" que como postura cultural sostiene la pretendida superioridad del varón sobre la mujer, ha llevado a que muchas veces existan leyes discriminatorias. Concretamente, en algunos lugares de América Latina se pagan a las mujeres salarios menores a los que perciben los varones por ese mismo trabajo. La Iglesia no puede hacerse la distraída frente a ello y debe pugnar mediante la inserción de legisladores cristianos para, de ese modo, propender a un cambio de esas situaciones que no condicen con el señorío de Cristo en el trabajo.

Hablando de "la mujer que trabaja" también debemos señalar que se trata de un concepto equívoco. La razón es muy sencilla: la mujer siempre trabaja. En todo caso cuando hablamos de la "ama de casa", no hay mayor trabajo en intensidad y agotamiento que el trabajo del hogar. Se calcula que una mujer sin hijos trabaja en el hogar unas cincuenta y cuatro horas por semana, cifra que trepa a setenta y siete horas semanales cuando la mujer tiene tres hijos para atender. ¿Qué pasa cuando la mujer cristiana está en alguna de estas situaciones indicadas? Estar convencida de que está sirviendo al Señor le permite trabajar con alegría y con la firme convicción de que todo tiempo invertido en la formación de sus hijos le permitirá forjar caracteres cristianos, es decir, estilos de vida que honran a Jesucristo como Señor. La historia de la Iglesia está llena de ejemplos de estas mujeres que trabajaron arduamente en el hogar para formar a hijos que llegaron a ser siervos de Dios. Sólo a título ilustrativo mencionemos a Mónica, la madre de San Agustín, el gran obispo y teólogo africano por quien ella oró más de veinte años. Y, también, a Susana Wesley, la madre de Juan y Carlos Wesley, grandes hombres que Dios usó para traer un gran avivamiento en la Inglaterra del siglo XVIII. Susana Wesley fue madre de diecinueve hijos y un ejemplo verdadero de trabajo y vida de servicio que se reflejó también en Juan y Carlos. Ella también entendió que el señorío de Jesucristo se debía patentizar en el trabajo del hogar.

La cultura ha variado mucho desde los tiempos de mujeres como Mónica y Susana, pero lo que no ha cambiado es la esencia de la actitud que la mujer cristiana debe asumir frente al trabajo hogareño y extrahogareño. Tanto el uno como el otro deberán encararlo con la fortaleza del Espíritu Santo y con la meta de glorificar a Jesucristo como Señor de su labor.

*Los hombres dominarán la creación de Dios*

*trabajándola, no explotándola ni destruyéndola.*

Jürgen Moltmann

## Preguntas para reflexión y estudio

1. ¿Cuál es el enfoque de la Biblia sobre el trabajo?
2. ¿Es el trabajo consecuencia del pecado? Explique
3. ¿En qué formas se ha degradado el trabajo en la sociedad actual como consecuencia del pecado?
4. ¿De qué manera la obra redentora de Jesucristo reivindica el trabajo?
5. ¿Cuál debe ser el concepto del cristiano acerca del trabajo?
6. ¿Estás seguro de que la ocupación que tienes es la voluntad de Dios para tu vida? ¿Cómo lo sabes?
7. ¿Qué caminos deberíamos tomar en caso de que en iglesias o instituciones evangélicas fuésemos víctimas de injusticia en el pago de los salarios u honorarios?

## Capítulo 5

## *Jesucristo: Señor de la sexualidad*

> *Al fin y al cabo en la Biblia se halla también el Cantar de los Cantares, y no podemos imaginarnos un amor más ardiente, sensual y fogoso que el descrito allí (cf. 7.6). Es una verdadera suerte que se halle en la Biblia, a despecho de quienes ven lo cristiano en la moderación de las pasiones...*
>
> ***Dietrich Bonhoeffer***

No existe ámbito más delicado e íntimo que el de la sexualidad. Tampoco existe un aspecto tan decisivo en el que debe visualizarse el señorío de Jesucristo. En efecto, mientras Jesús puede ser Señor de nuestra salvación y de nuestro trabajo, muchas veces resulta difícil que llegue a ser Señor, efectivamente, de nuestra sexualidad. ¿Qué significa el señorío de Jesucristo en relación con nuestra sexualidad? ¿Implica la anulación o sublimación de nuestro impulso sexual? ¿Es el camino seguido por los monjes del desierto una opción válida para que Jesucristo sea Señor de nuestra sexualidad? ¿Qué diferencias hay entre ese señorío para solteros y para casados? En el presente capítulo intentaremos responder estas cuestiones, analizando un pasaje clave: 1 Corintios 6.12-20.

Como enunciado central podemos decir que:

**El señorío de Jesucristo en la sexualidad implica agradecer a Dios por ella, considerar el cuerpo como templo del Espíritu y consagrándolo para la gloria de su nombre.**

**1. La necesidad de un adecuado concepto de mi cuerpo.**

El tema central de este pasaje es el cuerpo. Los corintios tenían un concepto erróneo acerca del cuerpo. Influidos por el pensamiento griego, consideraban que la esencia del ser humano era su alma (o espíritu), de la cual el cuerpo era una especie de prisión. Acuñaron el binomio *soma* (cuerpo), *sema* (tumba) del alma. Los griegos pensaban que cuando el ser humano moría, su alma volvía al lugar de donde salió: el lugar celestial, el lugar de las almas preexistentes. Por eso, no creían en la resurrección de los muertos, una doctrina eminentemente hebraica que adoptó el cristianismo. Esto puede verse claramente reflejado en la actitud de muchos que oían el sermón de Pablo en el Areópago de Atenas. El relato de Lucas 17 parece indicar que cuando Pablo mencionó el tema de la resurrección de Jesús, muchos dejaron de oír al apóstol, acaso escandalizados por semejante idea de que los muertos resucitarían un día.

La perspectiva de los griegos derivó en dos formas de encarar el tema de la sexualidad. Para algunos, había que reprimir todo deseo corporal, mantenerse sin ceder un palmo a los apetitos sexuales. Para otros, como la sexualidad tiene tanto que ver con el cuerpo, no importaba lo que se hiciera con los apetitos corporales, incluyendo, claro está, a la sexualidad. Aparentemente, esta óptica era la que prevalecía en Corinto. Algunos decían: "ya que los alimentos están hechos para el cuerpo y el cuerpo para los alimentos, del mismo modo el cuerpo está hecho para el placer sexual y el placer sexual para el cuerpo." Pero Pablo niega la validez de tal argumentación, la que se parece mucho a lo que sostienen algunos en el sentido de que la relación sexual es tan necesaria como beber, respirar y comer. Sylvanus M. Duvall ha expuesto una amplia refutación de tal punto de vista.[46]

La respuesta de Pablo al argumento expuesto por los cristianos que, bajo influencia griega, pensaban que no importaba lo que uno hiciera con su cuerpo es clara y se fundamenta en que Jesucristo es Señor del cuerpo. Dice el apóstol: "el cuerpo no es para la fornicación, sino para el Señor, y el Señor para el cuerpo" (v. 13b). Aunque la palabra griega *porneia* que se traduce "fornicación" tiene un sentido amplio en el Nuevo Testamento, refiriéndose a todo tipo de pecado sexual, en este caso creemos que se aplica más específicamente a tener relaciones sexuales fuera del matrimonio, es decir, con quien no es su propio cónyuge. Son muchas las razones que presenta Pablo para rechazar abiertamente la pretensión de quienes decían que con el cuerpo uno podía hacer lo que quisiera.

En primer lugar, el apóstol dice que nuestro cuerpo será resucitado (v. 14). No es cierto lo que decían los filósofos griegos y, bajo su influencia, algunos cristianos de Corinto. Dios nos redime integralmente, incluyendo nuestro cuerpo. Por ende, no es cierto que el cuerpo no interese y podamos hacer lo que nos dé la gana.

En segundo lugar, Pablo indica, mediante preguntas retóricas, que nuestro cuerpo es miembro de Cristo. "¿No sabéis que vuestros cuerpos son miembros de Cristo? ¿Quitaré, pues, los miembros de Cristo y los haré miembros

---

[46] Sylvanus M. Duvall, *Men, Women and Morals*, Association Press, 1952, pp. 37, 38. Aquí tomamos en cuenta el resumen de Herbert Miles, *Felicidad sexual para el joven y el adolescente*, Miami: Logoi, 1973, pp. 87-88. Básicamente sostiene que: a) la negación de la satisfacción sexual no produce efectos físicos dañinos como sí lo hacen la falta de agua o alimentos; b) la satisfacción de la sed o el hambre no trae consecuencias sociales como sí lo producen las relaciones sexuales promiscuas; c) satisfacer la sed o el hambre no envuelve a otras personas, lo que sí ocurre en las relaciones sexuales.

de una ramera? De ningún modo" (v. 15). No podemos tomar nuestros miembros, que pertenecen a Jesucristo, y unirnos con una ramera. Sigamos con la exposición del argumento del apóstol.

En tercer lugar, así como cuando un hombre se une con una mujer y ambos llegan a ser una sola carne, el que se une al Señor es un espíritu con el Señor (vv. 16-17). Pablo está diciendo que tanto la relación sexual como la relación espiritual son íntimas, implican un fuerte vínculo y de ninguna manera pueden tomarse a la ligera.

En cuarto lugar, Pablo exhorta a huir de la fornicación, y ofrece una razón importante y llamativa: "Cualquier otro pecado que el hombre cometa, está fuera del cuerpo; mas el que fornica, contra su propio cuerpo peca" (v. 18). Decimos que se trata de una razón llamativa porque el apóstol hace una distinción entre pecado y pecado. Una opinión muy generalizada entre los evangélicos sostiene que todos los pecados son iguales ya que, como la Biblia afirma: "toda injusticia es pecado" (1 Jn. 5.17). De ahí, derivan que no hay que hacer distinciones entre pecados y pecados. Sin embargo, ¿es así? No lo creemos. Primeramente, una mera observación de los hechos nos muestra que por lo menos las consecuencias de algunos pecados son más graves que las de otros. Por ejemplo, no es lo mismo pensar en matar a una persona que matarla en la realidad. No es lo mismo codiciar a una mujer —aspecto que Jesús definió como pecado— que tener relaciones sexuales con ella. Podríamos proseguir los ejemplos hasta el infinito. Además de esto, el Nuevo Testamento varias veces establece distinciones entre pecados. Es interesante que en el mismo contexto en el que el apóstol Juan generaliza: "toda injusticia es pecado", habla de "pecado de muerte" y "pecado que no es de muerte" (1 Jn. 5.16). También Jesús dice: "Todo pecado y blasfemia será perdonado a los hombres; más la blasfemia contra el Espíritu Santo no les será perdonada" (Lc. 12.31). Finalmente, en el mismo pasaje paulino que analizamos, el autor dice que cualquier otro pecado se realiza sin afectar directamente al cuerpo, pero la fornicación es pecar contra el propio cuerpo de uno.

En quinto lugar, nuestro cuerpo es templo del Espíritu Santo (v. 19). Implícitamente, hay aquí un rechazo al dualismo griego del que hablamos antes, es decir, que lejos de ser una tumba o una cárcel del alma, el cuerpo del cristiano es un templo del Espíritu de Dios. Esto implica que no nos pertenecemos a nosotros mismos, que hemos sido comprados por Dios. Esta realidad debe conducirnos a glorificar a Dios en nuestro cuerpo. Es interesante que el versículo 20 en el texto griego original finaliza diciendo: "glorificad, pues, a Dios en vuestro cuerpo." Las palabras siguientes que aparecen en versiones como Reina Valera 1960: ("y en vuestro espíritu, los cuales son de Dios"), casi con toda seguridad son un agregado posterior de algún copista al que, saturado de pensamiento clásico griego, le pareció conveniente añadir que también tenemos que glorificar a Dios en nuestro espíritu. Si captamos bien el tenor de todo el pasaje, podríamos dar por sentado que los corintios ya sabían que debían glorificar a Dios en sus espíritus. Lo que algunos no sabían era que también debían glorificarlo en sus cuerpos. Esto es lo característicamente cristiano. Lo otro, más bien, es un reduccionismo que pertenece al pensamiento helénico y no al cristiano.

En síntesis, el señorío de Jesucristo en nuestra sexualidad, surge de una adecuada comprensión de nuestro cuerpo. La correcta reflexión y acción del cristiano debe ser: "El cuerpo es esencial a mi persona y debo rendirlo al señorío de Jesucristo. Mi cuerpo será redimido en la resurrección. Mi cuerpo es templo del Espíritu. No me pertenezco a mí mismo. Pertenezco al Señor, que me ha comprado y me ha sellado con su Espíritu. Mi decisión es glorificarlo en mi cuerpo y no sólo en mi espíritu."

## 2. El señorío de Jesucristo en la vida sexual del soltero

¿Qué significa el señorío de Jesucristo en la vida sexual del soltero? Se trata de un tema difícil, salvo para quienes tengan el famoso "don de continencia", aparentemente, uno de los dones menos solicitados. De paso, recordemos que en la historia de la Iglesia fue famosa la oración de San Agustín, quien decía: "Señor, dame el don de continencia... pero no todavía". En términos específicos y concretos, el señorío de Jesucristo en la vida sexual del soltero implica varias cosas que pasamos a enunciar.

Primero: dar gracias a Dios por la sexualidad. El rechazo de la fornicación de ninguna manera debe conducirnos al rechazo de la sexualidad. No hay nada malo en la sexualidad, en sus impulsos y en sus deseos. El problema está en cómo canalizamos la sexualidad durante nuestra vida de solteros. Es un tema difícil y, a veces, traumático. Pero debemos tener una actitud de gratitud a Dios por habernos hecho seres sexuales. La primera referencia a la sexualidad en la Biblia dice: "Creó Dios al hombre a su imagen, a imagen de Dios lo creó; varón y hembra los creo" (Gn. 1.27). Pocas veces hemos reparado en el hecho de que aquí está relacionándose, de alguna manera, la sexualidad con la imagen de Dios. Pocos teólogos han trabajado el tema como Karl Barth. A modo de síntesis, lo que el teólogo reformado nacido en Suiza explica es que, así como Dios es trinitario, y como tal es un Dios de comunicación, los seres humanos hechos a su imagen sentimos el deseo e impulso hacia la comunión con el otro, comunión que alcanza su plenitud en la relación sexual del varón y la mujer. Lewis Smedes lo explica del siguiente modo:

> Hombre y mujer están en movimiento el uno hacia el otro y, a la vez, alejándose el uno del otro; cada uno necesita del otro para ser él/ella y, a la vez, necesitándose para ser un individuo en sí mismo. Esto nos lleva a ver la sexualidad como la imagen de Dios. La sexualidad es el impulso

humano hacia una íntima comunión personal. [...] Ahora comienza a aclararse cómo es nuestra sexualidad y si no es en esencia como Barth lo sugiere, al menos tiene una profunda dimensión de la semejanza divina. Nuestra sexualidad en todos sus niveles es nuestro impulso profundamente humano hacia y nuestro medio de descubrir la comunión humana en la cumbre de la intimidad.[47]

El discípulo de Jesús debe caracterizarse por la gratitud a Dios por la sexualidad. Porque la sexualidad es un don maravilloso que Dios nos ha dado como criaturas hechas a su imagen. Básicamente, la Biblia se opone a prácticas como la fornicación, la prostitución y el adulterio. (cf. Hebreos 13.4 y Levítico 18.22). ¿Qué pasa con el controversial tema de la homosexualidad? Las discusiones sobre esta cuestión y los avances en las investigaciones en torno a la orientación sexual, junto a las cuestiones legales nos obligan a replantear el tema, respetando la diversidad de opiniones. Habitualmente se apela a pasajes como Romanos 1.21-29; 1 Corintios 5.9-10; 6.13ss. para condenar ese tipo de prácticas. Más allá de las distintas exégesis que se dan a esos pasajes -que aquí no podemos abordar- es importante tomar en cuenta que la homosexualidad, desde la medicina, ya no está tipificada como enfermedad. Y, desde la perspectiva legal, hay países donde existe el matrimonio igualitario o sea el matrimonio entre personas del mismo sexo. A ello debemos decir que el Estado moderno debe legislar para todos los ciudadanos sin hacer discriminaciones otorgando a tales personas sus derechos como ciudadanos. Por otra parte, existen organizaciones cristianas que se dedicaban a curar la homosexualidad por considerarla una

---

[47] Lewis Smedes, *Sexología para cristianos*, trad. Jorge Sánchez, Miami: Caribe, 1982, pp. 34-35.

enfermedad y que más recientemente se han retractado.[48] Hay, finalmente, dos consideraciones que es necesario hacer con relación a quienes asumen sin más una actitud discriminatoria: una, que quienes consideran la homosexualidad como pecado tienden -tal vez de modo inconsciente- a hacer jerarquizaciones considerando a la homosexualidad como un pecado acaso más grave que el adulterio o que la violación y, en segundo lugar, es muy probable que esa actitud condenatoria les resulte fácil de asumir porque no tienen ningún familiar cercano con ese tipo de prácticas. Por eso, nos parece muy atinada la observación de un teólogo evangélico como John Stott cuando advierte:

> Debemos tener cuidado de no discriminar entre hombres y mujeres, ni entre pecados de homosexualidad o de heterosexualidad. Además, en el caso de un escándalo público, la disciplina adecuada y necesaria no debe convertirse en una cacería de brujas.[49]

En lugar de tornarse una cacería de brujas la iglesia cristiana debe ser un ámbito de recepción y de amor hacia todas las personas siguiendo el modelo de Jesús de Nazaret, considerado amigo de publicanos, prostitutas y pecadores.[50] Como señala Sallie McFague: "Algunos estudiosos arguyen que la práctica de Jesús de comer

---

[48] Tal el caso de *Exodus International,* cuyo líder, el Rev. Alan Chambers que pidió perdón a la comunidad LGBT (lésbico, gay, bisexual, trans) por haberse dedicado durante tres décadas a esa tarea que ahora juzga errónea:
http://ww.sdpnoticias.com./gay/2013/06/20/exodus-international-pide-perdon-por-querer-curar-la-homosexualidad-durante-3-decadas. Accedido: 10 de septiembre de 2016.

[49] John Stott, *La fe cristiana frente a los desafíos contemporáneos,* trad. Lilian D. Rogers, Buenos Aires: Nueva Creación, 1991, p. 375

[50] Sobre este tema véase el libro de Emiliano O. Torres, *Jesús no hace acepción de personas,* Buenos Aires: Epifanía, 2016.

con 'publicanos y pecadores' era el rasgo esencial de su ministerio y su mayor piedra de escándalo."[51]

Volviendo al pasaje de 1 Corintios 6 en lo que se refiere a las relaciones sexuales se dice: "Lo que Pablo condena aquí tiene que ver con relaciones promiscuas con una prostituta. No tiene nada que ver con el hecho de que si yo amo a mi novia no pueda tener relaciones sexuales con ella." ¿Qué podemos responder al respecto? En primer lugar, es necesario tener en cuenta que, según lo que Dios establece en su Palabra, la unión sexual en la intención divina es la que concreta o consuma el matrimonio. Es la relación sexual la que concreta al matrimonio. El propósito de Dios, entonces, es que la sexualidad sea utilizada, en lo que se refiere a la genitalidad, en el matrimonio, es decir, se trata de una relación que debe encararse con la mayor responsabilidad. Es cierto que entre una prostituta que trabaja con su cuerpo alquilándolo por unos minutos y una novia a la que realmente se ama hay un abismo de diferencia. Pero la pregunta es: ¿Pablo en 1 Corintios 6 está condenando sólo el caso de la fugaz unión carnal con una prostituta o está condenando todo tipo de fornicación? En otros términos, si la relación sexual tiene lugar con una buena mujer a la que uno ama, ¿deja por ello de ser fornicación? Smedes hace un comentario atinado y realista:

> Pablo está, por supuesto, horrorizado de que una prostituta se vea involucrada: un cristiano en un prostíbulo es un payaso moral. Pero el carácter de la mujer no es la cuestión crucial en el asunto. Pablo también pudo haber dicho: "¿No sabéis que el que se une con la elegante ama de casa que tiene por vecina se hace un cuerpo con ella?" Y la incongruencia

---

[51] Sallie McFague, *Modelos de Dios. Teología para una era ecológica y nuclear*, trad. Agustín López y María Tabuyo, Santander: Sal Terrae, 1994, p. 99. En nota, la autora cita a otra conocida teóloga: Schüssler-Fiorenza que afirma: "El poder de la *basileia* de Dios se realiza en la comida comunitaria de Jesús con los pobres, los pecadores, los recaudadores de impuestos y las prostitutas, con todos aquellos que 'no pertenecen 'al pueblo santo', que, por alguna razón, tienen defectos a los ojos de los 'santos'." *In memory of Her*, p. 121, cit. en *Ibid.*, nota 32.

> hubiera sido la misma. Pablo basa su declaración en Génesis 2: "Ambos serán una sola carne" y ve el acto sexual como algo que significa y procura la unión intrínseca, es decir, la unión personal, total e inquebrantable a la que llamamos matrimonio.[52]

Con esto se desmitifica la idea de que si la persona con la cual voy a tener una relación sexual es una buena mujer el acto está bien. No es el carácter de la mujer lo que cuenta en este caso sino el hecho de que la unión sexual, en la intención divina, implica unión total y responsable. Está indicando en la intención divina: "Los dos serán una sola carne".

> Está mal porque las personas no casadas, por tanto, se envuelven en un acto que une de por vida sin unirse de por vida. Cuando y dondequiera que dos personas practiquen el coito sin unirse de por vida, cometen fornicación.[53]

Probablemente en la expresión "sin unirse de por vida" está una clave hermenéutica. Se trata siempre de relaciones responsables que toman formas diferentes según las culturas y los condicionamientos socioeconómicos. Esta argumentación teológica y ética que toma en serio los principios bíblicos descarta todo tipo de "uniones pasajeras", "cohabitación temporaria" o "vivir juntos con final abierto". Ese tipo de experiencias no condicen con el propósito de Dios para la sexualidad de sus hijos. Específicamente el "vivir juntos", a manera de prueba y con final abierto, "toma las cosas lindas de la vida sin tomar a su vez las responsabilidades que implica desarrollar la vida juntos."[54] Por supuesto, lo que debe tener primacía en las relaciones de pareja es el amor y la fidelidad. Al

---

[52] *op. cit.*, p. 142.

[53] *Ibíd.*, p. 143.

[54] *Ibíd.*, p. 155.

respecto, comentando el Cantar de los Cantares, el biblista argentino Pablo Andiñach subraya que "el mensaje del Cantar es que el amor se legitima a sí mismo. Cuando hay amor verdadero entre dos personas, no es necesario que una ley externa le otorgue certificado de validez."[55] Y agrega: "El modelo de amor del Cantar no puede concebirse como algo pasajero, sujeto a meros sentimientos superficiales que han de cambiar ante la menor modificación de las apariencias externas."[56]

¿Qué espacio de maniobra queda entonces para el discípulo de Jesús que todavía no se ha casado? Descartando aquellos casos de cristianos que no piensan siquiera en el casamiento, y que no sienten necesidad de entablar un noviazgo con fines matrimoniales, pensemos concretamente en quienes sí desarrollan un noviazgo. No hay recetas fáciles ni tampoco la Biblia es una especie de *Vademécum* ni un tratado de sexología para saber cómo actuar en cada caso. Lo importante sí es que el cristiano que vive bajo el señorío de Jesucristo debe saber que la unión sexual debe concretarse en una relación madura y responsable.

## 3. El señorío de Jesucristo en la vida sexual del casado

Algunos piensan, sobre todo si son solteros, que la vida sexual del casado es fácil, es la solución de todos los problemas, y que las tentaciones no existen porque uno ya está casado. Nada más lejos de la realidad, según los casos. Lo que sucede es que estar solteros o estar casados implica situaciones, posibilidades y aun riesgos diferentes. ¿Qué significa esto en términos prácticos?

Los que somos casados debemos tener un concepto correcto de la sexualidad. En este sentido, una vez más tenemos que criticar la influencia griega

---

[55] Pablo Andiñach, *Cantar de los Cantares. El fuego y la ternura,* Buenos Aires: Lumen, 1997, pp. 41-42

[56] *Ibid.*, p. 42

que ha llevado a muchos cristianos a pensar que la sexualidad sólo es para la procreación. Las cosas no son tan así. Es cierto que la sexualidad tiene entre sus objetivos la procreación. El mandamiento bíblico dice: "creced y multiplicaos". Pero todo lo que Dios ha preestablecido para la sexualidad no se agota en traer hijos al mundo. También la Biblia nos habla del compañerismo y la plenitud humana que se encuentra en la relación varón/mujer. Esto lo vemos claramente expuesto en el relato de Génesis 2, donde Adán, después de poner nombre a todos los animales, no encontró una ayuda adecuada para él. Entonces Dios creó a la mujer y Adán exclamó regocijado: "Esto es ahora hueso de mis huesos y carne de mi carne" (v. 23). Hay otro objetivo de la sexualidad humana que está una y otra vez afirmado en las Escrituras. Se trata del placer sexual. Los cristianos hemos tenido muchos problemas para admitir que el placer es parte constituyente y positiva de la sexualidad. El miedo al placer sexual legítimo en la relación sexual obedece, por un lado, a la influencia griega, por otro, a la falta de información adecuada y, unido a todo ello, el hecho de que hablar de "placer sexual" es evocar en nuestra mente imágenes relacionadas con la sexualidad en novelas y películas. Como el placer sexual aparece allí en una perspectiva inadecuada y, muchas veces, decididamente pecaminosa, nos asoman resistencias para admitir que el placer es parte intrínseca de la sexualidad. A todo esto: ¿Qué dice la Biblia? Hay mandamientos y sentencias que, mientras rechazan abiertamente el adulterio y la fornicación, aprueban y alaban el placer sexual. Por ejemplo: "Honroso sea en todos el matrimonio, y el lecho sin mancilla; pero a los fornicarios y a los adúlteros los juzgará Dios" (He. 13.4 RV 60). "Sea bendito tu manantial, y alégrate con la mujer de tu juventud, como cierva amada y graciosa gacela, sus caricias te satisfagan en todo tiempo, y en su amor recréate siempre" (Pr. 5.18-19 RV 60). Pero hay un libro completo de la Biblia, el Cantar de los Cantares, cuyo tema central no es otro que el amor y su expresión en la sexualidad. Claro está que nunca han faltado en la historia de la tradición judeocristiana quienes han espiritualizado el contenido de ese libro para ver en él las relaciones entre Jehová e Israel, Cristo y la Iglesia. Por supuesto, esa perspectiva hermenéutica subsiste todavía. Sin embargo, uno se pregunta: ¿Cómo encontrar significados espirituales a las siguientes expresiones: "¡Cuán hermosos son tus pies en las sandalias, oh hija de príncipe! Los contornos de tus muslos son como joyas, obra de mano de excelente maestro. Tu ombligo como una taza redonda que no le falta bebida. Tu vientre como montón de trigo cercado de lirios. Tus dos pechos, como gemelos de gacela" (Cnt. 7.1-3).[57] A la luz de estos pasajes ilustrativos, podemos advertir que para el Creador de nuestra sexualidad, la pasión, el placer y la satisfacción constituyen aspectos legítimos y hermosos de la relación matrimonial. Ahora bien, ¿qué significa el señorío de Jesucristo en nuestra vida sexual como casados?

Si tomamos en cuenta lo expuesto, entonces el señorío de Jesucristo en nuestra sexualidad implica, entre otras cosas, disfrutar del amor en su expresión más íntima, como una forma de dar gloria al Creador. A esto se aplica aquella sentencia general de San Pablo: "Si, pues, coméis o bebéis, o hacéis otra cosa, hacedlo todo para la gloria de Dios" (1 Co. 10.31). En este contexto es bueno recordar el atinado comentario de Dietrich Bonhoeffer que tiende a evitar un "superespiritualismo":

> Que un hombre en brazos de su mujer haya de sentir una ardiente nostalgia del más allá, eso es, dicho suavemente, una cosa de mal gusto y en cualquier caso, nunca es la voluntad de Dios. Debemos encontrar y amar a Dios en aquello que nos da a cada instante; si a Dios le place

---

[57] Dietrich Bonhoeffer reflexionaba sobre la importancia del amor sexual en la Biblia en los siguientes términos: "Al fin y al cabo en la Biblia se halla también el Cantar de los Cantares, y no podemos imaginarnos un amor más ardiente, sensual y fogoso que el descrito allí (cf. 7,6). Es una verdadera suerte que se halle en la Biblia, a despecho de quienes ven lo cristiano en la moderación de las pasiones...", Dietrich Bonhoeffer, *Resistencia y sumisión. Cartas y apuntes desde el cautiverio*, trad. José J. Alemany, Salamanca: Sígueme, 1983, p. 212

concedernos el disfrute de una abrumadora felicidad terrenal, no debemos ser más piadosos que Dios ni socavar esta felicidad con pensamientos presuntuosos y provocativos, o por una imaginación religiosa desatada, que nunca tiene bastante con lo que Dios da. [58]

También el señorío de Jesucristo en la vida sexual de un casado debe concretarse en su fidelidad al cónyuge, que incluye, obviamente, el deber conyugal que señala Pablo en 1 Corintios 7. Efectivamente, Dios desea nuestra fidelidad en el matrimonio y manda que cada uno cumpla el deber conyugal, que en el contexto de ese capítulo significa lisa y llanamente relaciones sexuales frecuentes. Inclusive, nótese que los cónyuges cristianos pueden abstenerse de relaciones sexuales pero, con algunas condiciones: de común acuerdo, por algún tiempo y para dedicarse a algún ejercicio espiritual como la oración. Pero es significativo que Pablo agrega: "volved a juntaros en uno, para que no os tiente Satanás a causa de vuestra incontinencia" (v. 5b). Es claro, entonces, que honrar a Jesucristo como Señor de nuestra sexualidad implica, en términos prácticos, el disfrute y la frecuencia de relaciones sexuales en el matrimonio. Para ello, así como en otras áreas de la vida buscamos un mejoramiento o perfeccionamiento, el consejo que surge de los pasajes bíblicos que hemos comentado es que los cónyuges cristianos vivan el amor en todas sus manifestaciones, incluyendo las relaciones sexuales, entendiendo que la fidelidad "más que evitar mezclarnos en enredos extramaritales, es la respuesta a la vocación de hacer que el matrimonio legal sea un matrimonio real y viviente." [59]

En conclusión, el señorío de Jesucristo en nuestra sexualidad implica dar gracias a Dios por ella y disfrutarla en el marco de relaciones responsables y maduras.

---

[58] *Ibíd.*, p. 124.
[59] Smedes, *op. cit.*, p. 199.

También es oportuno dejar de lado la idea de una "sexualidad perfecta". Como bien señala Pablo Andiñach:

> Se experimenta que los hombres y las mujeres no son seres puros y, por lo tanto, el amor y la sexualidad no podrán sino reflejar esa condición humana. El amor humano no es ni puro ni perfecto, tan fuerte o tan frágil como lo son las mujeres y los hombres que lo viven inevitablemente en medio de la complejidad de los sentimientos y la experiencia humana. [60]

## Conclusión

Para muchos cristianos hablar de la sexualidad es cosa que les incomoda. Lo es, acaso, por la herencia griega de la cual no pueden sustraerse totalmente. Lo sexual, en consecuencia, aparece rodeado de lo pecaminoso e indecoroso. Sin embargo, todos somos seres sexuales y actuamos como tales. La sexualidad, entonces, abarca mucho más que las relaciones íntimas, es decir, lo genital. Precisamente en éste ámbito de lo genital, que tiene que ver con caricias íntimas que culminan con el acto sexual o coito, es donde los problemas se agudizan. Veamos algunos de los problemas sexuales que pueden generarse y que hacen difícil el señorío de Jesucristo en la sexualidad.

Siempre la relación sexual debe darse como la culminación y expresión del amor. No es la relación sexual la que genera el amor sino a la inversa, es el amor que debe generar la relación sexual. En consecuencia, lo que deben procurar los cónyuges cristianos es crear entre ellos un ámbito de diálogo, ternura y comprensión que permita, del modo más natural posible, derivar en una relación sexual edificante y placentera. Cabe una pregunta que muchas veces me han formulado cuando he abordado esta temática en conferencias y talleres. "¿Son válidas todas las conductas sexuales en el matrimonio? ¿Hay conductas sexuales

---

[60] Pablo Andiñach, *Op., cit.*, p. 21

que están condenadas en la Biblia?" Siempre debemos tener presente, como ya hemos dicho en este capítulo, que la Biblia no es una especie de Vademecum al que podemos recurrir para que nos entregue información automática como si fuera una computadora. No debemos olvidar que la Biblia es la Palabra de Dios, pero que en lo cultural pertenece al pasado de la historia humana. Eso no significa que ella no tenga respuestas a muchos de los problemas humanos, pero hay cosas que no entran en su interés. Por ejemplo, en la Biblia no encontramos información específica sobre el control de la natalidad y, mucho menos, sobre las técnicas que hoy se usan.[61] También se torna en tarea inútil recurrir a la Biblia para encontrar información sobre el tan debatido tema del sexo oral. Abundando un poco más sobre este caso en particular, observemos la opinión de Tim y Beverly La Haye:

> Personalmente no lo recomendamos ni abogamos por ello, pero no contamos con bases bíblicas para prohibirlo entre dos personas casadas que mutuamente lo disfrutan. Sin embargo, no creemos que ha de ser usado como sustituto del coito, y en el caso de que tenga un lugar en el matrimonio, diríamos que sea limitado al juego previo. No obstante, he aquí una voz de advertencia: el amor requiere que uno de los cónyuges nunca exija del otro esta práctica si él o ella no lo disfruta o siente por ella culpabilidad o repugnancia.[62]

Tomando como caso ilustrativo el que acabamos de exponer, diríamos que el señorío de Jesucristo en la sexualidad del matrimonio cristiano se puede dar siempre y cuando no signifique hacer algo que esté directamente condenado por la

---

[61] Para un análisis del control de la natalidad desde un punto de vista cristiano, véase mi libro *La familia a la que pertenezco*, Miami: Flet, 1992, capítulo 10.

[62] Tim y Beverly La Haye, *El acto matrimonial*, trad. Olga Varady, Tarrasa: Clie, 1976, p. 313. Para un análisis del amor erótico en perspectiva fenomenológica véase la obra del filósofo francés Jean-Luc Marion, *El fenómeno erótico,* trad. Silvio Mattoni, Buenos Aires: Ediciones literales-El Cuenco de Plata, 2005.

Biblia o implique la obligación compulsiva de uno de los cónyuges para hacer lo que no desea.

Nuestra actitud positiva hacia la sexualidad como un hermoso don de Dios, está bellamente expresada en el siguiente poema:

*Señor, yo sé lo que es el sexo:*

*Es cuerpo y espíritu, es pasión y ternura,*

*Es el fuerte abrazo, y el delicado darse las manos,*

*Es abierta desnudez y escondido misterio,*

*Son gozosas lágrimas en rostros de recién casados, y*

*Lágrimas en rostros arrugados que celebran sus cincuenta años de matrimonio.*

*Sexo es una tranquila mirada a través del dormitorio,*

*Una nota de amor sobre la almohada,*

*Una rosa sobre un plato en el desayuno,*

*La risa en la noche.*

*Sexo es vida, no toda la vida,*

*Pero forma parte del significado de la vida.*

*Ayúdame a ver que sí puedo ser,*

*Sensual y puro, feliz y santo, sexual y espiritual.*

Harry Hollis, Jr.[63]

**Preguntas para reflexión y estudio**

1. ¿Cómo consideraban el cuerpo los pensadores griegos? ¿De qué manera conceptualizaban la sexualidad?
2. ¿Cuál es el concepto principal sobre el cuerpo que se encuentra en 1 Corintios 6.12-20?
3. ¿De qué manera el señorío de Cristo debe afectar la vida sexual del soltero?
4. ¿Qué lugar ocupa el placer sexual según el libro de Cantar de los Cantares?
5. ¿Por qué razón ese libro es espiritualizado en algunos ambientes evangélicos interpretándolo como las relaciones entre Cristo y la Iglesia?
6. ¿Qué conceptos erróneos reflejan algunas iglesias evangélicas acerca de la sexualidad? ¿A qué se debe eso?
7. ¿Qué conceptos crees que sería bueno enseñar en tu iglesia acerca de la sexualidad?

---

[63] Harry Hollis, Jr., *Thank God for Sex*, Nashville: Broadman Press, 1975, cit. por H. Norman Wright, *Momentos de quietud para matrimonios*, trad. José Luis Casals, Miami: Unilit, 1995, p. 47.

*Capítulo 6*

*Jesucristo: Señor de la familia*

> *El amor es un sentimiento que hay que aprender.*
>
> *Es tensión y es realización.*
>
> *Es anhelo y es hostilidad.*
>
> *Es alegría y es dolor.*
>
> *No existe lo uno sin lo otro.*
>
> *La felicidad es solamente una parte del amor,*
>
> *Esto hay que aprenderlo.*
>
> **Walter Trobisch**

Uno de los ámbitos donde el señorío de Jesucristo se hace más crucial es el de la familia. Esto sucede por varias razones. En primer lugar, porque la familia es el ámbito de la vida humana donde pasamos gran parte de nuestra vida. Allí hemos nacido, nos hemos formado y allí vivimos nuestras felicidades y nuestras penurias. En segundo lugar, la familia es un sitio donde nos es difícil ser hipócritas.

Todos tenemos, en mayor o menor medida, nuestras máscaras con las que ocultamos lo que somos y sentimos. Nos es más o menos fácil usar máscaras en la calle, en el trabajo, en la escuela. Pero no es así en la familia, donde todos nos conocen cómo somos. En tercer lugar, la familia es importante por ser el taller donde nos preparamos para el ministerio. Es significativo que muchos de los requisitos de los que ministran en la casa de Dios, pastores, maestros, diáconos, tienen que ver con la vida en familia. Todos conocemos exhortaciones como: "Que gobierne bien su casa, que tenga a sus hijos en sujeción" (1 Ti. 3.4 R V 60). Pablo todavía argumenta: "Pues el que no sabe gobernar su propia casa, ¿cómo cuidará de la iglesia de Dios?" (v. 5). "Los diáconos sean maridos de una sola mujer, y que gobiernen bien su casa" (1 Ti. 3.12 RV 60). Todo esto nos muestra lo decisivo que es el señorío efectivo de Jesucristo en nuestras relaciones familiares. Nuestra afirmación central es la siguiente:

**El señorío de Jesucristo en nuestra familia debe caracterizarse por la obediencia, el amor y el servicio mutuo.**

**1. El señorío de Jesucristo en nuestra familia debe caracterizarse por la obediencia.**

Jesucristo no sólo es Señor de la Iglesia y de los poderes espirituales, sino que también es Señor de las relaciones familiares. En Efesios 5.22-6.4 encontramos los aspectos más decisivos de estas relaciones. Allí aprendemos los aspectos fundamentales de la relación entre esposos y entre padres e hijos.

En primer lugar, aprendemos que las esposas cristianas deben estar sujetas a sus maridos "como al Señor" (v. 22). El modelo de sujeción que se le muestra a la mujer cristiana es la relación que debe mantener con el Señor. Cada mujer cristiana debe vivir sujeta al señorío de Jesucristo, porque Él es su Señor, su Rey, su Salvador, su Santificador. En ese modelo, la esposa cristiana debe mirarse para tener una relación de sujeción a su esposo. En su comentario al texto, Karl Staab dice:

> Pablo comienza por exigir a las mujeres que se sometan a sus maridos "como al Señor". El orden natural de los sexos se ve así sancionado, pero al mismo tiempo ennoblecido por la voluntad de Cristo, ya que la mujer aparece sometida, en último término, al Señor mismo, con lo cual no tiene ya razón para sentir complejo de inferioridad ante el marido.[64]

En segundo término, el mandato de Dios a los esposos cristianos es que amen a sus esposas "como Cristo amó a la iglesia, y dio su vida por ella" (v. 25). Este mandamiento establece el sano equilibrio entre la sujeción de la esposa y el amor del esposo. Dios no quiere que se dé un único lado de la relación, sino que su voluntad es que tanto la mujer como el hombre, en relación armoniosa y complementaria, cumplan con su voluntad. Así como Jesucristo es Señor de la mujer, en la medida en que ella se sujeta a su marido, también Jesucristo ejerce su señorío en la medida en que el esposo cristiano ama a su mujer como Cristo amó a la Iglesia.

Staab dice que "en la delicadeza y generosidad con que Cristo se entrega, como en la fuerza y fecundidad de su sacrificio por la Iglesia, deben hallar los maridos su mejor modelo".[65] El amor de Cristo por su Iglesia es un amor constante, santo, sacrificial, tierno, desprendido. El amor de Cristo es perfecto; luego, las cualidades del amor del himno de 1 Corintios 13 le pertenecen a Él. Por eso, alguien ha invitado a reemplazar el término "amor" en ese capítulo por el

---

[64] Karl Staab-Norbert Brox *Cartas a los Tesalonicenses, cartas de la cautividad, cartas pastorales,* trad. Florencio Galindo, Barcelona: Herder, 1974, p. 232.

[65] *ibíd.*, p. 234.

nombre de Jesucristo y decir, por ejemplo: "Jesucristo es sufrido, es benigno; Jesucristo no tiene envidia….Jesucristo no busca lo suyo, todo lo sufre, todo lo espera, todo lo soporta…" Ese es el espejo donde los maridos cristianos deben mirarse para amar a sus esposas y, de ese modo, hacer presente el señorío de Jesucristo en el matrimonio.

En tercer lugar, Jesucristo ejerce su señorío en las relaciones padres/hijos. Los hijos deben obedecer "en el Señor" a sus padres (Ef. 6.1). Esta obediencia debe hacerse "en el poder del Señor" y "en el nombre del Señor". La obediencia siempre es algo costoso, difícil para nosotros a causa de nuestro individualismo y nuestro egoísmo. En breve: nos cuesta obedecer. Nuestra rebeldía lo hace difícil. Pero, siguiendo a Jesús, permitiendo que su Espíritu obre en nosotros, es posible que obedezcamos a nuestros padres y nos sintamos bien al hacerlo. Por el Espíritu de Dios es posible que lleguemos a decir, como Jesús: "El hacer tu voluntad, Dios mío, me ha agradado, y tu ley está en medio de mi corazón" (Sal. 40.8 RV 60; cf. He. 10.5-7).

La obediencia de los hijos a sus padres está fundamentada en que "es justo", es decir, se ajusta a la ley de Dios. La obediencia debe conducir también a honrarlos, a tenerlos en alta estima, en respetarlos. Y el objetivo de tales actitudes es que a los hijos les vaya bien y tengan una larga vida en la tierra (6.3). Se trata del primer mandamiento de Dios que tiene promesa. Por otra parte, los padres también deben reflejar el señorío de Jesucristo no provocando a enojo a los hijos. Esta cuestión de la ira, de los enojos y de las provocaciones tiene una vigencia tan clara como lamentable. Hay violencia familiar, abusos de niños, castigos desmedidos, es decir, actitudes que distan de mostrar el señorío de Jesucristo en la familia. Por eso, el gran desafío para los padres cristianos radica en criar a los hijos en disciplina (corrección) y amonestación "del Señor". Esta última cláusula establece el parámetro al que debemos ajustarnos: disciplinemos y amonestemos con la instrucción del Señor, con su Palabra, con su mandamiento, con su Espíritu y con su amor. No es mi disciplina y mi amonestación las que valen, porque ellas son imperfectas, afectadas por el pecado y el egoísmo. Debo dejar que Jesucristo me instruya, para luego instruir, amonestar y conducir a mis hijos en la voluntad del Señor.

> En el matrimonio las personas se hacen una misma cosa ante Dios, como Cristo se hace una cosa con su Iglesia (Ef. 5.31 ss.). A semejante unión Dios concede la bendición de la fecundidad, de la procreación de una nueva vida. El hombre entra en la voluntad del Creador colaborando en la creación. Mediante el matrimonio son generados los hombres para la glorificación y servicio de Jesucristo y para la multiplicación de su reino. Esto significa que el matrimonio no es sólo el lugar de la procreación, sino también de la educación de los hijos en la obediencia de Jesucristo. Los padres son para el hijo representantes de Dios en cuanto son sus progenitores y educadores, así en el matrimonio se crean nuevos hombres para el servicio de Jesucristo.[66]

Debemos tener en cuenta dos cosas de este agudo comentario de Bonhoeffer: en primer lugar, sólo matrimonios realmente fundados en el señorío de Jesucristo son los que gozan de la garantía de crear hombres y mujeres que han de servir al Señor; en segundo término, la creación de hijos que honran a Jesucristo es una tarea ardua y persistente, que involucra oración, disciplina y, sobre todo, amor. Precisamente el amor es el segundo aspecto que debe caracterizar a la familia que vive bajo el señorío de Jesucristo.

---

[66] Dietrich Bonhoeffer, *Etica*, trad. V. Bazterrica, Barcelona: Estela, 1967, p. 146. Para un estudio de las relaciones familiares y, especialmente, la disciplina de los hijos, véase Alberto F. Roldán, *La familia a la que pertenezco*, Miami: LOGOI, 1991, especialmente el capítulo 6.

## 2. El señorío de Jesucristo en nuestra familia debe caracterizarse por el amor

Este segundo aspecto se desprende de algunos contenidos ya expuestos en el primer concepto. Pero es nuestra intención entrar en una reflexión más práctica del tema. Aquí debemos preguntarnos qué entendemos por "amor" y luego analizar las formas concretas del amor, lo que alguien ha denominado "la disciplina del amor".

Debemos definir adecuadamente lo que entendemos por amor. En este punto, las perspectivas entre los cristianos se han dividido en dos. Están aquellos que férreamente han afirmado que "el amor no es un sentimiento, sino que es una decisión de la voluntad." Con esto, quieren decir que amar no es simplemente algo que sentimos, sino que debemos amar porque Dios lo manda. Así de simple. Por otro lado, están quienes piensan que el amor es sólo un sentimiento en el que la voluntad no tiene mucho que ver. Para amar, debemos sentir afecto hacia el otro, porque el amor es básicamente un sentimiento. ¿Qué podemos decir de esta disyuntiva? ¿El amor es sólo una cosa de la voluntad o sólo algo del sentimiento? Me parece que se trata de una falsa disyuntiva. En realidad, optar por una de esas dos alternativas es elegir una parte de la verdad pero no toda la verdad. La respuesta adecuada al falso dilema entre "amor como deber" y "amor como sentimiento" está, a mi ver, en lo que Walter Trobisch magistralmente denomina "el amor: un sentimiento que hay que aprender". Allí encontramos la mejor síntesis al tema del amor en familia. Amar es, obviamente, algo que tiene que ver con nuestros sentimientos. Debemos afirmar la dimensión sentimental del ser humano, incluyendo al cristiano. Decimos esto, porque hemos advertido la influencia de corrientes teológicas que han sido renuentes a reconocer la validez de los sentimientos en la vida y en la experiencia cristiana. Entendámonos bien: no se trata de caer en un sentimentalismo o en pensar que la vida cristiana consiste sólo de sentimientos. Simplemente, es necesario que reafirmemos la importancia de los sentimientos y aun de las emociones en el cristiano. El argumento más elocuente de ello es Jesús de Nazaret: una vida sin pecado pero vida humana al fin, que experimentó una y otra vez sentimientos de tristeza, de gozo, de amor, de satisfacción y aun de angustia. En consecuencia, hablar del amor como sentimiento es algo legítimo y necesario.

Por otra parte, como bien dice Trobisch, el amor es un sentimiento, pero "que hay que aprender". En esta parte de su "fórmula", encontramos la segunda dimensión del amor. Si es algo que se aprende, entonces ya no es simplemente sólo una experiencia sentimental, sino que tiene que ver con nuestra voluntad, con decisiones que tenemos que tomar y con un aprendizaje en nuestra forma de vivir. Jesús dice a sus discípulos:

Les doy este mandamiento nuevo: Que se amen los unos a los otros. Así como yo los amo a ustedes, así deben amarse ustedes los unos a los otros. Si se aman los unos a los otros, todo el mundo se dará cuenta de que son discípulos míos. (Jn. 13.34-35)

Esta enseñanza del Señor muestra varias cosas. En primer lugar, que el amarse los unos a los otros deja de ser una opción para transformarse en una obligación. Se trata de un mandamiento y no un consejo. Tenemos el deber de amarnos como hermanos. En segundo lugar, Jesús nos enseña que el mundo recién se dará cuenta de que somos seguidores de Jesús cuando perciba el amor entre nosotros, sus discípulos.

Es cierto que esto que comentamos de las palabras de Jesús se refiere en primera instancia a la relación entre los discípulos. Pero, de todos modos, creemos no hacer ninguna violencia al texto bíblico si lo aplicamos a la relación en familia. En efecto, volviendo al pasaje de Efesios 5, encontramos la primacía del amor en las relaciones esposo/esposa. Es altamente significativo que en la sección comprendida entre los versículos 25 al 33, por lo menos tres veces Pablo relaciona el amor a sí mismo que el esposo debe tener con el amor a su esposa. Notemos:

> De la misma manera deben los esposos amar a sus esposas como a su propio cuerpo. El que ama a su esposa, se ama a sí mismo. Porque nadie odia su propio cuerpo, sino que lo alimenta y lo cuida, como Cristo hace con la iglesia [...] que cada uno de ustedes ame a su esposa como a sí mismo, y que la esposa respete al esposo. (vv. 28-29 y 33).

Comentando este pasaje, Trobisch aclara que amar a la propia esposa no es signo de egoísmo. Dice:

> En este contexto, Pablo no puede querer decir el que ama a su mujer es un egoísta y muestra con ello que se mueve alrededor de sí mismo, sino al contrario: el que ama a su mujer viene a demostrar que ha logrado una razonable medida de aceptación de sí mismo, que ha adquirido la capacidad de amarse a sí mismo.[67]

Aquí entramos en una zona de riesgo, ya que no todos los cristianos coinciden en su perspectiva respecto al amor a sí mismos. Algunos, bajo influencia de ciertas teologías que han acentuado el carácter pecaminoso del ser humano, y una "entera depravación" que no siempre es debidamente explicada, han deducido que el amor a sí mismo es una especie de peste de la cual hay que huir. En concreto, niegan que la Biblia nos autorice a amarnos a nosotros mismos. Sin embargo, nos parece que el mismo mandamiento fundamental de Jesús, que resume toda la ley de Dios, es claro a este respecto: "Ama a tu prójimo, como a ti mismo" (Mt. 22.39). Notemos que Jesús no dice: "ama a tu prójimo, pero no te ames a ti mismo", ni dice "ama a tu prójimo más que a ti mismo". Simplemente señala que la medida de amor que doy a mi prójimo debe ser la que tengo para

---

[67] Walter Trobisch, *Iniciación al amor*, trad. F. Collar, Salamanca: Sígueme, 1978, p. 17.

amarme a mí mismo. Y aquí está la clave del asunto. Sólo quien se ama, se acepta, se cuida a sí mismo y busca una adecuada realización de su persona, está capacitado para hacer lo mismo con su prójimo. Josef Pieper lo sintetiza magistralmente:

> En el hombre hay dos maneras de volverse hacia sí mismo (por tanto, dos formas de "amor propio"): una, desprendida; la otra, egoísta. Solamente la primera tiene efectos de autoconservación, la segunda es destructora.[68]

Cuando el esposo cristiano cae en una especie de narcisismo, amándose a sí mismo en forma egoísta, deja de cumplir con el gran mandamiento de Jesús. Difícilmente quien no ama a su cónyuge —su prójimo más próximo— llegará a amar realmente a quienes viven en un círculo más alejado. ¿Cómo se demuestra el amor entre los cónyuges? Además de la sexualidad como una expresión genuina del amor, que hemos considerado en el capítulo anterior, el amor entre los cónyuges debe manifestarse en palabras de cariño y estímulo, caricias, atenciones, gestos y actitudes de servicio concreto. Por supuesto, todas estas manifestaciones deben ser desarrolladas no sólo por el esposo hacia la esposa, sino también desde ella hacia él. Se trata, en todo caso, de una relación dinámica en la que damos y recibimos. Si nos ocupamos de dar, en esa medida estaremos produciendo vida auténtica. No encontramos mejor manera de expresar este concepto, que remitirnos a la bella metáfora de Henry Miller:

---

[68] Cit. por Trobisch, *ibíd.*, p. 18. Por su parte el gran pensador danés Sören Kierkegaard destaca la importancia de ese mandamiento en los siguientes términos: "Puesto que hay que amar al prójimo **como a sí mismo**, este mandamiento rompe, lo mismo que una ganzúa, el candado del amor propio y lo arranca de las manos del hombre." Es decir, la cláusula que indica la medida del amor no permite que el amor a sí mismo se convierta en amor egoísta o narcisista. Para un análisis psicoanalítico del tema, véase Erich Fromm, *El arte de amar*, Buenos Aires: Paidós, 1961. En mi libro *La ética cristiana en un mundo en cambio*, Buenos Aires: FADEAC, 1997, destaco la importancia decisiva del amor en la conducta cristiana. Véanse especialmente los capítulos 4 y 7 de la obra citada.

Dar y recibir son en el fondo una misma cosa, y dependen de que la vida que se lleva sea abierta o cerrada. Una forma de vivir abierta hace del ser humano un médium, un transmisor; viviendo así, como un río, uno siente la vida en toda su plenitud, se desliza en la corriente de la vida y muere para vivir de nuevo en un océano.[69]

## 3. El señorío de Jesucristo en nuestra familia debe caracterizarse por el servicio

Jesús es el Señor que sirve. El no vino al mundo para ser servido, sino para servir y dar su vida por nosotros. En Marcos 10 encontramos esta verdad. Recordamos la escena. Santiago y Juan, hijos de Zebedeo, vienen a Jesús y le dicen: "Concédenos que en tu reino glorioso nos sentemos uno a tu derecha y otro a tu izquierda" (Mr. 10.37). En términos automovilísticos diríamos que Jacobo y Juan querían la *pole position* en el reino de Dios. Sentarse uno a la derecha y otro a la izquierda de Jesús. ¡Pretensiosos los muchachos! El Señor les pregunta si podían beber del vaso que él bebía y ser bautizados con su bautismo. Ante la respuesta positiva, el Señor les dice que eso era cierto, pero que el sentarse en lugares de privilegio no era de su potestad concederlo. Los otros diez se enojaron con Juan y Jacobo. En medio de la discusión, Jesús los llamó y les dijo:

Como ustedes saben, entre los paganos hay jefes que se creen con derecho a gobernar con tiranía a sus súbditos, y los grandes hacen sentir su autoridad sobre ellos. Pero entre ustedes no debe ser así. Al contrario, el que quiera ser grande entre ustedes, deberá servir a los demás, y el que entre ustedes quiera ser el primero, deberá ser el esclavo de los demás. Porque ni aun el Hijo del hombre vino para que le sirvan, sino para servir y dar su vida en rescate por una multitud (Mr. 10.42-45).

---

[69] Henry Miller, *El coloso de Marusi*, trad. Ramón Gil Novales, Barcelona: Seix Barral, 1957, p. 233.

Hay aquí una velada crítica a los que gobiernan, ejerciendo señorío despótico sobre los pueblos. Pero el Señor aclara que en su reino, el que quiera ser grande será el servidor de los demás. La lección de Jesús puede resumirse en estas palabras: la ley del reino de Dios establece que quienes quieren ser principales deben servir a los demás. La grandeza de un discípulo se mide por la cantidad y calidad de su servicio a los demás.

## Conclusión

El señorío de Jesucristo en la familia se ha tornado dramáticamente difícil en estos tiempos posmodernos. Esta postura ideológica y cultural llamada precisamente "posmodernidad"[70] tiene, entre otras características, el rechazo de valores supremos e indiscutibles. La tendencia es reducir a la mínima expresión lo que en otros tiempos era considerado "bueno" y "malo", "normal" y "anormal". En una fuerte crítica a lo que consideran como resultado de la ética judeo-cristiana, abundan los teóricos que consideran vetustas y retrógradas a instituciones tan importantes para la sociedad como son el matrimonio y la familia. ¿Cómo puede vivirse todavía el señorío de Jesucristo en la familia en una cultura posmoderna?

Debemos partir del reconocimiento de que se trata de algo difícil y que muchas veces se ha mal interpretado. Por ejemplo en lo que se refiere a la

---

[70] Para una amplia información sobre la Posmodernidad y su incidencia en el cristianismo y la Iglesia, véanse las siguientes obras: José María Mardones, *Posmodernidad y Cristianismo. Desafío del Fragmento,* Santander: Sal Terrae, 1988, Juan Martín Velasco, *Ser cristiano en una cultura posmoderna,* Madrid: PPC, 1996 y Hans Küng, *Teología para la posmodernidad,* trad. Gilberto Canal Marcos, Madrid: Alianza Editorial, 1989. Para un enfoque más global de esta problemática cultural, recomendamos: Alan Tournaire, *Crítica de la modernidad,* trad. Alberto Luis Bixio, Buenos Aires: Fondo de Cultura Económica, 1994, Nicolás Casullo, compilador, *El debate modernidad-posmodernidad,* 3ra. Edición, Buenos Aires: Puntosur, 1991, Gianni Vattimo, *Creer que se cree,* trad. Carmen Revilla, Buenos Aires: Paidós, 1996 y de éste mismo filósofo italiano: *El fin de la modernidad,* trad. Alberto L. Bixio, Barcelona: Planeta-Agostini, 1994.

sumisión de la mujer al varón, la cultura del machismo ha visto un elemento a su favor en las palabras de Pablo "la mujer esté sujeta a su marido". Ya hemos explicado en este mismo capítulo, que esa sujeción o sumisión tiene su contrapartida en el amor que el esposo debe manifestar a su esposa. Además, no faltan los comentaristas y exégetas bíblicos que, con suficiente razón, nos invitan a tener en cuenta el comienzo de la sección de Efesios donde Pablo se refiere a la sumisión. En efecto, en el v. 21 dice: "Estén sujetos los unos a los otros, por reverencia a Cristo." Esto implica que más allá de la sujeción que la mujer debe expresar hacia su esposo, hay una sujeción mutua de los unos a los otros. Pero, ¿hay límites para la sujeción de la esposa a su marido?

Debemos entender que ninguna interpretación de la sujeción de la esposa a su esposo puede justificar situaciones inhumanas y alienantes. Todavía recuerdo la escena con nitidez y tristeza. Hace unos años, mientras mi esposa y yo estábamos desarrollando un taller sobre relaciones matrimoniales en una ciudad de la Argentina, abordamos el tema de la violencia familiar. Hablábamos de las crudas estadísticas que muestran que en más del 70 % de los casos de violencia familiar, la mujer es la víctima, mientras sólo el 1 % el hombre es el castigado. El resto lo constituyen agresiones mutuas. Luego de dar un vídeo que mostraba esta cruel realidad, una mujer nos confesó su experiencia. Llorando, nos contaba que durante trece años fue golpeada y abusada sexualmente por su propio esposo. En ocasiones, los abusos sexuales llegaban a la violación. En incontables ocasiones esta mujer había sugerido a su marido: "separémonos...no podemos seguir así." La respuesta del marido siempre era la misma: "No, querida. No podemos separarnos por causa del testimonio". Grande fue nuestro estupor, cuando esta mujer finalizó dándonos un dato insólito: "Mi esposo era el pastor de la iglesia". Para este señor -de alguna manera hay que llamarlo- no era mal testimonio castigar y abusar de su mujer. Sí lo era el divorcio o la separación. ¡Hasta qué medida los datos bíblicos mal interpretados pueden ser utilizados para legitimar situaciones inhumanas! El

Evangelio de Jesucristo, entendido como buenas noticias de salvación debe conducir a la humanización de la persona y no a su alienación. Dicho en otros términos, Jesucristo es Señor del matrimonio siempre y cuando las actitudes de los cónyuges sean expresiones de amor y de respeto mutuo.

Pero la problemática de la concreción del señorío de Jesucristo no se limita a las relaciones entre esposos. La sociedad de nuestros días es una sociedad compleja. El cuadro de tipologías de familias y agrupamientos se ha ampliado hasta el punto que ya no tenemos solamente lo que se ha dado en llamar "familia nuclear" constituida por los padres y sus dos hijos. ¡Esa integración nos parece verla sólo en los cuadros de las familias de antaño! La realidad hoy es muy distinta y mucho más compleja. Están las familias desintegradas por el divorcio de los cónyuges, las familias unipersonales, las familias integradas por el padre con el hijo o la madre con el hijo, las uniones de hecho y tantas variables como las que podríamos pensar. ¿Cómo se puede concretar el señorío de Jesucristo en tales situaciones? Es difícil dar una respuesta específica para cada caso. Tomemos la situación de la madre soltera. Ella puede haber sido engañada por falsas promesas de un hombre que se aprovechó de su ingenuidad o bien puede haber sido víctima de sus propios impulsos a los cuales cedió por su falta de experiencia y personalidad. Pero en todo caso, ¿es su condición de madre soltera obstáculo insalvable para que Jesucristo sea su Señor? Creemos que no. Como Iglesia de Jesucristo debemos caracterizarnos por ser una comunidad de perdón y restauración, en suma, una comunidad terapéutica. De ninguna manera rebajamos el *standard* bíblico de buena conducta y santidad de vida. Pero siguiendo la advertencia de Pablo en el sentido de que "quien se ufana de estar en pie, cuidado con caerse" (1 Co. 10.12 *NBE*), debemos dar expresión sincera a la comprensión y aceptación de la persona. Ayudarla a sanarla espiritual y mentalmente de sus malos recuerdos. Inclusive, a perdonar a quien le causó tan grave daño. Esto, no porque justificamos la acción de su victimario, sino porque sabemos que la verdadera libertad y señorío de Jesucristo sólo se puede vivir en la experiencia del perdón. De ese modo, una madre soltera que cree en Jesucristo puede, ayudada por la comunidad de fe, a vivir bajo el señorío de Jesucristo quien, desde el Evangelio sigue diciendo a las mujeres condenadas por la sociedad -¡y a veces por la Iglesia!- "tampoco yo te condeno. Vete y en adelante no vuelvas a pecar" (Jn. 8.11 *NBE*).

En síntesis, la complejidad de la vida humana en estos tiempos nos conduce a reconocer la dificultad para materializar el señorío de Jesucristo en la familia. Del idealismo que la Biblia nos plantea y que, como intención original del Creador sigue en plena vigencia, debemos bajar al terreno de las realidades concretas y, muchas veces, desgarrantes. La Iglesia está llamada a restaurar a las personas y ayudarlas para que, cualquiera sea su situación matrimonial y familiar, puedan vivir bajo el amoroso y tierno señorío de Jesucristo.

### El amo es el señor

*El amo es el señor, patrón,*

*y el ama es la señora, patrona.*

*¡Ay, si el señor y la señora, el patrón y la patrona,*

*títulos tan bellos, viviesen amando a los que de ellos dependen!*

*Es terrible cuando interpretan el amor como dominio y quieren ser señores y patrones*

*de las personas que les están sometidas.* [71]

---

[71] Dom Helder Cámara, *En tus manos Señor*, trad. Olivio Lazzarin Dante, Buenos Aires: Ediciones Paulinas, 1987, p. 47.

## Preguntas para reflexión y estudio

1. El autor dice que el señorío de Cristo en la familia debe caracterizarse por la obediencia. ¿De qué maneras concretas debe evidenciarse esa obediencia en los distintos miembros de la familia?
2. ¿En qué se diferencia la obediencia que propone la Biblia para la esposa, del machismo que impera en nuestras sociedades?
3. ¿Cómo definiría usted el amor? ¿Está de acuerdo con el autor? ¿Por qué?
4. ¿Cómo mediría su vida en cuanto a su capacidad de amar? ¿A quiénes de su familia es parcial en su amor?
5. Jesús es el Señor que sirve. ¿De qué manera su ejemplo debe modificar nuestra conducta y visión sobre el servicio?
6. ¿De qué maneras concretas estoy sirviendo a los distintos miembros de mi familia?

## Capítulo 7

### *Jesucristo: Señor de la Iglesia*

> *La iglesia no es un ideal, sino una realidad en el mundo, una parte de la realidad universal. La mundanidad de la iglesia resulta de la encarnación. La iglesia, como Cristo, se ha hecho mundo. Tomar a la iglesia concreta sólo como iglesia aparente es renegar de la verdadera humanidad de Jesús y, por tanto, es herético.*
>
> *Dietrich Bonhoeffer*

Una de las áreas fundamentales del señorío de Jesucristo es la Iglesia. ¿Qué importancia tiene que Jesucristo sea Señor de la Iglesia? ¿Cómo se ejerce ese señorío de Jesucristo en la Iglesia? Para responder estas preguntas, es necesario ver cómo las relaciones trinitarias, es decir, entre el Padre, el Hijo y el Espíritu, inciden en el señorío de Jesucristo. Por eso, afirmamos que:

**El señorío de Jesucristo sobre la Iglesia refleja las relaciones trinitarias y la marca como una comunidad obediente.**

# 1. El señorío de Jesucristo sobre la Iglesia refleja las relaciones trinitarias.

## 1.1. Relaciones Padre-Hijo.

Para estudiar estas relaciones hemos escogido el evangelio de Juan que nos parece el más adecuado y el que mejor refleja las relaciones trinitarias.

El Hijo compartía la gloria eterna con el Padre. En Juan 1.1 el evangelio nos dice que "en el principio ya existía la Palabra, y aquel que es la Palabra estaba con Dios y era Dios". En su oración sacerdotal de Juan 17, Jesús pide que el Padre lo glorifique con la gloria que tuvo con Él, antes que el mundo existiera (v. 5).

De un modo sorprendente, casi incomprensible, Jesús declara: "el Padre y yo somos uno solo" (Jn. 10.30). Todavía más revelador es el diálogo que se suscita entre Jesús y Felipe:

> Si ustedes me conocen a mí, también conocerán a mi Padre, y ya lo conocen desde ahora, pues lo han estado viendo. Felipe le dijo entonces:
> —Señor, déjanos ver al Padre, y con eso nos basta. Jesús le contestó:
> —Felipe, hace tanto tiempo que estoy con ustedes, ¿y todavía no me conoces? El que me ha visto a mí, ha visto al Padre, ¿por qué me pides que les deje ver al Padre? ¿No crees que yo estoy en el Padre y el Padre está en mí? Las cosas que les digo, no las digo por mi propia cuenta. El Padre, que vive en mí, es el que hace sus propias obras. Créanme que yo estoy en el Padre y el Padre está en mí, si no, crean al menos por las obras mismas (Jn. 14.7-11).

La petición de Felipe más o menos significa: "Si nos muestras al Padre, ya no te vamos a preguntar más, ya estarán satisfechas todas nuestras preguntas y nuestras dudas. Eso es lo último que te preguntaremos". Y, para asombro de Felipe, Jesús se lamenta de que tanto tiempo hacía que estaba con ellos, sin que lo hubieran conocido realmente. Aquí también tenemos una lección para nosotros: Puede ser que haga mucho tiempo que somos cristianos, discípulos del Maestro, pero no lo conozcamos en plenitud. Porque para conocer a alguien hay que abrirse al diálogo, a la amistad, en este caso, a la oración, a la plenitud del Espíritu que nos revela lo profundo de Dios (véase 1 Co. 2.11-16).

Es tal la comunión entre el Padre y el Hijo, que Jesús dice que el intenso amor del Padre por Él es de tan magnitud, que le muestra todas las cosas. No hay secretos no revelados entre el Padre y el Hijo. Jesús lo dice expresamente: "El Padre ama al Hijo, y todas las cosas ha entregado en su mano" (Jn. 10.35 RV 60).

El Padre concede toda autoridad al Hijo del Hombre, es decir, al Dios encarnado (véase Juan 5.19-29). En su carácter de mediador de la salvación, el Padre instala al Hijo con toda autoridad para dar vida y para juzgar, y el objetivo final del Padre es que todos honren al Hijo como lo honran a Él (v. 23). También como el Padre tiene vida en sí mismo, es decir, no la toma de nadie, nadie se la da, es el Dador de vida, también el Hijo tiene vida en sí mismo y tiene autoridad para dar vida a quienes confían en Él. ¡Aleluya! Nuestro Señor es dador de toda vida y nosotros gozamos esa vida eterna y abundante por confiar en Él y seguirlo.

Finalmente, por su obediencia perfecta, Jesucristo es declarado e instalado como Señor. Esto lo vemos en dos pasajes clave: Filipenses 2.9-11 y Hechos 2.37. En el primero —que hemos analizado detalladamente en el capítulo 3—, después de detallar los pasos de la autohumillación de Jesucristo, Pablo dice que por esa humillación Dios lo exaltó a Jesucristo a lo sumo, y le dio un nombre que es sobre todo nombre, para que en el nombre de Jesús se doble toda rodilla, de los que están en los cielos, y en la tierra y debajo de la tierra y toda lengua confiese: "Jesucristo es el Señor". Esto es demostración de que el Padre aceptó la obra del Hijo, su humillación y su muerte, y como una especie de premio lo colocó en la cima de la gloria, para que todos lo reconozcan como el Señor.

En Hechos 2.37, Jesucristo es consagrado por el Padre como "Señor" y "Cristo", es decir, como fruto de su obra de la cruz, y por su resurrección victoriosa sobre la muerte y el sepulcro, Jesucristo es declarado pública y definitivamente como "el Señor" y "el Ungido" por excelencia.

**1.2. Relaciones Padre-Hijo-Espíritu Santo**

La venida del Espíritu es resultado de la oración y la obra de Jesús. Así se desprende de Juan 14.15-17. Jesús dice que, si los discípulos lo aman a Él, deben guardar sus mandamientos y, como resultado, Jesús rogará al Padre para que les dé otro Consolador. Este otro Consolador es el Espíritu Santo, que es llamado "el Espíritu de verdad" porque dice siempre la verdad y guía indefectiblemente a ella. El mundo no puede recibirlo porque no ve ni conoce al Espíritu. Sólo los discípulos de Jesús tenemos el privilegio de recibirlo y disfrutar de su comunión.

En el pasaje siguiente (Jn 14.18-26) Jesús enseña en lenguaje de mucha ternura que Él no iba a dejarlos huérfanos, que vendría a ellos en la persona del Espíritu, y que la comunión total que existe entre el Padre y el Hijo ahora será también una realidad entre el Padre, el Hijo y los discípulos. Notemos las relaciones: "En aquel día [cuando venga el Espíritu] vosotros conoceréis que yo estoy en mi Padre, y vosotros en mí, y yo en vosotros" (v. 20). El Espíritu Santo hace efectiva la misma unidad que existe entre el Hijo y el Padre. Mateos y Barreto sintetizan:

Jesús está identificado con el Padre, por tener el mismo Espíritu, la misma plenitud de amor (1.14); los discípulos lo están con Jesús por el amor a él y a los hermanos, que es el Espíritu recibido. Así se verifica la unión perfecta de la comunidad con el Padre, su Dios, a través de Jesús (17.21.23). Es una experiencia de unidad e integración, una comunión de vida entre Dios y el hombre. Jesús vincula a Dios con los hombres. Se constituye así un núcleo de donde irradia el amor: la comunidad identificada con Jesús y a través de él con el Padre. En ella y a través de ella se ejerce la acción salvadora de Dios en la humanidad.[72]

Otra verdad que extraemos de la enseñanza de Jesús en el Aposento Alto es que el Consolador realiza en el mundo la obra del Padre y del Hijo. Esto está indicado en las siguientes palabras de Jesús:.

> Pero les digo la verdad: es mejor para ustedes que yo me vaya. Porque si no me voy, el Defensor no vendrá para estar con ustedes, pero si me voy, yo se lo enviaré. Cuando él venga, mostrará claramente a la gente del mundo quién es pecador, quién es inocente, y quién recibe el juicio de Dios. Quién es pecador: el que no cree en mí, quién es inocente: yo, que voy al Padre, y ustedes ya no me verán, quién recibe el juicio de Dios: el que gobierna este mundo, que ya ha sido condenado (Jn. 16.7-11).

Jesús quiere animar a los discípulos porque ellos estaban tristes a raíz del anuncio de su partida. Les dice que, aunque no lo entendieran, era conveniente para ellos que El se fuera. De otro modo, el Consolador no vendría a ellos. ¿Cuál será la función del Espíritu en el mundo? Sintéticamente, es la función de llevar a convicción de pecado a las personas, convencerlas de su culpa delante de Dios y conducirlas a Jesucristo. El Padre envía al Espíritu para que los creyentes

---

[72] Juan Mateos y Juan Barreto, *El Evangelio de Juan*, 2da. edición, Madrid: Cristiandad, 1982, p. 641.

glorifiquen a Jesús (v.14). El Espíritu tomará todo lo que tiene Jesús, que es todo lo que pertenece al Padre, y lo dará a nosotros. ¡Aleluya! No hay una experiencia más profunda y más gloriosa sobre la tierra que experimentar la plenitud de la Trinidad. Por eso, podemos decir con Pablo: "Nadie puede decir: 'Jesús es el Señor' sino por el Espíritu Santo" (1 Co. 12.3b NVI).

Terminamos esta sección con la aguda percepción de Leonardo Boff hablando de las relaciones de las personas de la Trinidad:

> En fin, cada persona lo recibe todo de la otra y lo da simultáneamente. Como son tres únicos, nunca hay verdaderamente relaciones diádicas de oposición (Padre e Hijo, o Padre-Hijo y Espíritu Santo), sino relaciones ternarias de comunicación y de comunión. Existiendo como tres eternamente en la suprema comunión que se muestra como unidad del mismo y único Dios trinitario. Por propia dinámica interna, las tres divinas personas se derraman hacia afuera, creando otros diferentes (creación cósmica y humana), para que puedan ser el receptáculo de la trasfusión del amor comunicativo y del océano sin límites de la vida trinitaria.[73]

Pero el señorío de Jesucristo sobre su Iglesia no sólo refleja las relaciones trinitarias sino que también deja una marca indeleble en ella como la comunidad obediente.

## 2. El señorío de Jesucristo sobre su Iglesia debe marcarla como comunidad obediente

### 2.1. La Iglesia es creación del Padre, cuerpo de Cristo y comunidad del Espíritu

---

[73] Leonardo Boff, *La Trinidad, la sociedad y la liberación*, trad. Alfonso Ortíz García, Buenos Aires: Ediciones Paulinas, 1988, p. 182.

Las tres personas de la Santa Trinidad tienen que ver con la Iglesia. Somos la iglesia de Dios (2 Co. 1.1), pero también el cuerpo de Cristo (1 Co. 12.12 y 27) y la comunidad del Espíritu (1 Co. 12.13; Ef. 2.19-22). En el pasaje de Efesios 2.19-22 la Iglesia es denominada familia del Padre, templo del Espíritu y morada del Espíritu Santo. Vemos cómo la Iglesia es la gran creación del Dios trino y uno, que concreta lo que ha sido la intención eterna en Jesucristo. Si quisiéramos entender un poco más las funciones del Padre, del Hijo y del Espíritu, podríamos decir que el Padre pergeñó a la Iglesia en Cristo (fuimos escogidos en Cristo; Ef. 1.4), y por la obra de Jesucristo, aplicada por el Espíritu, somos formados en un cuerpo. Así, la intención del Padre, realizada por Jesucristo, es plasmada en nosotros por el Espíritu Santo. Analizando —hasta donde es posible para la mente y el lenguaje humanos— las relaciones de la Trinidad entre sí y con nosotros, dice Moltmann:

> Si el Espíritu juntamente con la Palabra eterna procede del Padre como "fuente de la divinidad", hay que decir que no es creado, sino que viene necesariamente del Padre y es de la misma esencia que el Padre y el Hijo. Nuestra experiencia del Espíritu santo es una experiencia de Dios: lo sentimos como Espíritu del Padre que nos une con el Hijo, como Espíritu del Hijo que el Padre nos regala, como Espíritu que glorifica al Hijo y al Padre por medio de nosotros.[74]

Más allá de los legítimos intentos teológicos por explicar el misterio de la Trinidad, hay una cosa extraordinaria: en la eternidad de Dios, tú y yo estábamos contemplados, al ser escogidos en Cristo antes de la fundación del mundo para alabanza de su gloria (véase el himno de Efesios 1.3-14). La Iglesia es la concreción del eterno propósito de Dios en Cristo y realizado por el Espíritu Santo.

---

[74] Jürgen Moltmann, *Trinidad y Reino de Dios*, trad. Manuel Olasagasti, Salamanca: Sígueme, 1983, p. 186.

¿En qué consiste la relación estrecha entre Cristo como *Kyrios* y la Iglesia? Tal vez la mejor definición es la de Thomas Weiser que afirma:

> … el camino de la Iglesia está relacionado con el hecho de que el Kyrios mismo está en su camino en el mundo… [y] la Iglesia no tiene otra disyuntiva que seguir al que precede. Por consiguiente la obediencia y el testimonio al Kyrios requieren el discernimiento de la apertura que él proporciona, y la voluntad de avanzar por esta apertura.[75]

## 2.2. La Iglesia en la que Jesucristo señorea, es marcada por la obediencia

En primer lugar, una Iglesia que vive bajo el señorío de Jesucristo facilita las operaciones diversas que Dios quiere hacer. Pablo habla de "diversidad de operaciones" (1 Co. 12.6). Esas obras poderosas de Dios son diversas, tales como sanidades, liberaciones y llenuras. Pero la Iglesia debe estar viviendo bajo el señorío de Jesucristo para experimentarlas. Una iglesia carnal, que vive en el poder propio de la carne, se maneja por criterios humanos, planea cosas fuera de la guía del Espíritu, es una iglesia que esperará en vano las manifestaciones de Dios.

En segundo lugar, una iglesia que vive bajo el señorío de Jesucristo recibe los carismas del Espíritu. En 1 Corintios 12.7-11 Pablo dice:

> A cada uno se le da una manifestación especial del Espíritu para el bien de los demás. A unos Dios les da por el Espíritu palabra de sabiduría; a otros, por el mismo Espíritu, palabra de conocimiento; a otros, fe por medio del mismo Espíritu; a otros, y por ese mismo Espíritu, dones para sanar enfermos; a otros, poderes milagrosos; a otros, profecía; a otros, el discernir espíritus; a

---

[75] Cit. por Harvey Cox, *La ciudad secular*, trad. José Luis Lana, Barcleona: Ediciones Península, 1968, p. 148

otros, el hablar en diversas lenguas; y a otros, el interpretar lenguas. Todo esto lo hace un mismo y único Espíritu, quien reparte a cada uno según él lo determina (NVI).

Notamos que todo lo hace el Espíritu con manifestaciones especiales que son carismas diferentes que cubren una amplia gama de acción del Espíritu. El Espíritu derrama estos carismas según la voluntad del Padre, según las necesidades de la comunidad y según el grado de fe que tenemos en Él. Por supuesto, sólo una iglesia que vive bajo el señorío de Jesucristo puede experimentar esta bendición del Espíritu.

En tercer lugar, una iglesia que vive bajo el señorío de Jesucristo ministra en el poder del Espíritu, para bendición de todos y respetando a todos. Esto lo vemos claramente enseñado en 1 Corintios 12.14-26. Las enseñanzas que surgen del pasaje son importantes y llevaría mucho tiempo exponer cada una con detenimiento. Intentemos sólo una aproximación global.

*a*. El cuerpo es uno solo, pero sus miembros son diversos, como sucede en nuestro cuerpo humano.

*b*. Somos llamados a apreciar a cada miembro porque, a veces, el miembro más pequeño e insignificante puede ser el más importante.

*c*. Si todo el cuerpo fuese mano o pie o brazo u ojo, no tendríamos un cuerpo sino un monstruo.

*d*. Dios quiere que nos amemos, respetemos y apreciemos los unos a los otros, que no haya desavenencia en el cuerpo sino que, por el contrario, nos preocupemos los unos de los otros.

La clave para nosotros, Iglesia de Dios, es que vivamos obedientes a los deseos del Padre, reconociendo el señorío de Jesucristo y dejándonos mover por el Espíritu Santo.

Finalmente, la iglesia verifica su obediencia en las relaciones interpersonales de sus miembros. En este sentido, nada mejor que apelar a un texto de Pedro:

Finalmente, sed todos de un mismo sentir, compasivos, amándoos fraternalmente, misericordiosos, amigables, no devolviendo mal por mal, ni maldición por maldición, sino por el contrario, bendiciendo, sabiendo que fuisteis llamados para que heredaseis bendición (1 P. 3.8-9 RV 60).

En el contexto, Pedro se ha referido a las relaciones entre los esposos. Ahora, el apóstol exhorta a buscar la bendición en la vida fraternal. Para ello, subraya seis actitudes que deben caracterizar a los miembros de la Iglesia. La primera es tener un mismo sentir, lo que apunta, más que al sentimiento como tal, a la búsqueda de una misma mente, un mismo propósito fundamental en la vida. Esto significa superar nuestro individualismo, respetándonos los unos a los otros. La segunda actitud es la de la compasión (lit. en griego *sympazés*, palabra de la que deriva "simpatía", sentir con el otro). En términos paulinos, significa alegrarse con los que se alegran y llorar con los que lloran (Ro. 12.15). Como tercera actitud, Pedro nos habla del amor fraternal (en gr. *filádelfos; fileo* = amor, *adelfós* =hermano). Somos hijos de Dios, del Dios que es amor. El Espíritu Santo ha derramado el amor de Dios en nuestro corazón (Ro. 5.5). Como hijos de Dios, entonces, debemos reflejar el amor en nuestras relaciones fraternales. Sólo permitiendo que el Espíritu Santo actúe en nosotros, podremos amar, ya no con nuestro amor egoísta y selectivo, sino con el mismo amor de Cristo.

En cuarto lugar, Pedro exhorta a ser misericordiosos, actuar con un corazón sensible al que está en la miseria, tanto espiritual como material. La misericordia es compasión, y es muy diferente a sentir lástima por el prójimo. Esto último nos hace alejarnos del necesitado. La compasión nos mueve a ayudarlo. Por eso, en manera categórica, dice Barclay:

> La piedad es la misma esencia de Dios, la compasión es el mismo ser de Jesucristo; es esa una piedad tan grande que Dios llegó al extremo de enviar a su Hijo unigénito para que muriese por la humanidad, una piedad tan intensa que llevó a Cristo a dar su vida en la cruz. En resumen: no puede haber cristianismo si no hay compasión.[76]

La quinta actitud que debemos poner en evidencia es "ser amigables". Recordamos las palabras de Jesús: "Ya no los llamo siervos, porque el siervo no sabe lo que hace su amo. Los llamo mis amigos, porque les he dado a conocer todo lo que mi Padre me ha dicho" (Jn. 15.15). La prueba de la amistad es la confianza. Cuando cultivamos la amistad con alguien, no tenemos secretos. Podemos hablar de cualquier tema, de nuestras dudas, nuestros problemas y aun de nuestros pecados. Es cierto que la sociometría nos muestra que la amistad no siempre es posible en un grupo humano. Sin embargo, deberíamos intentar, con la ayuda del Espíritu Santo, desarrollar la amistad entre los hermanos, interesándonos por sus problemas, visitándolos y ayudándolos. Eso es lo que nos hará crecer en comunidad y dará gloria a Dios.

La sexta y última actitud en el ámbito de la iglesia es la bendición. En un mundo que a diario practica el axioma "el que las hace las paga", el cristiano debe pronunciar siempre la palabra de bendición. Fuimos llamados a heredar bendición. Somos hijos del Dios de la bendición. Luego, la bendición es la palabra y la actitud

---

[76] William Barclay, *Santiago, I y II Pedro*, trad. Ernesto Suárez Vilela, Buenos Aires: La Aurora, 1974, p. 260.

que debe caracterizarnos en la iglesia. Cuando ello no ocurre, es porque la iglesia se ha atomizado, ha dejado de ser una comunidad para transformarse en algo así como un supermercado. En efecto, a veces las iglesias se atomizan de tal modo que sus integrantes, en lugar de ser miembros de un cuerpo son meras partículas aisladas. La iglesia modelo supermercado es aquella en la que los miembros llegan al templo, participan de la alabanza, escuchan un sermón, reciben cierta instrucción y, a su término, cada uno retorna a su casa. Del mismo modo que cuando vamos al supermercado, nos ocupamos de comprar lo que necesitamos, pero sin desarrollar ninguna clase de interés por el otro. A lo sumo, saludamos circunstancialmente a alguna persona conocida. La misma situación se repite en la iglesia, sólo que en este caso se ofrecen ciertos "productos religiosos". Es imposible que en un modelo de iglesia supermercado se concrete el señorío de Jesucristo que conduce al amor y el servicio al hermano.

Afirmar que Jesucristo es el Señor, no sólo constituye la confesión de fe más básica de todo discípulo del Señor, sino que es, en sí misma, la clave para la Iglesia de Dios aquí y ahora, es decir, la clave para vivir en esa comunidad llamada Iglesia. El señorío de Jesucristo no es simplemente un postulado doctrinal, sino que ese señorío, ejercido en su Iglesia, refleja las relaciones trinitarias entre el Padre, el Hijo y el Espíritu y nos marca a nosotros mismos como una comunidad obediente. Sin embargo, aunque la Iglesia es comunidad del Espíritu que refleja las relaciones trinitarias nunca debemos olvidar que también es una realidad en el mundo.

Dietrich Bonhoffer lo explica en lenguaje rotundo:

> La iglesia no es un ideal, sino una realidad en el mundo, una parte de la realidad universal. La mundanidad de la iglesia resulta de la encarnación. La iglesia, como Cristo, se ha hecho mundo. Tomar a la iglesia concreta

sólo como iglesia aparente es renegar de la verdadera humanidad de Jesús y, por tanto, es herético.[77]

## Conclusión

La Iglesia se puede transformar en un ámbito confuso para el ejercicio del señorío de Jesucristo. En efecto, fácilmente puede distorsionarse a través de un inadecuado concepto y vivencia de la autoridad. Pensemos, por ejemplo, en el caso de un líder en una iglesia local. El crecimiento de la congregación, el éxito ministerial y el predicamento que puede ir logrando dentro de la ciudad en la que desarrolla su ministerio, pueden llegar a "marearlo de autoridad". De ese modo, tal líder en lugar de dirigir la iglesia con humildad, amor y espíritu de servicio, fácilmente puede caer en el autoritarismo. Frases como "el Señor me dijo", "esto es lo que hay que hacer porque el Espíritu Santo así me lo ha indicado" y axiomas como "la palabra del Pastor es la Palabra del Señor", son instaladas en el inconsciente colectivo de los creyentes. Estos, paulatina y sostenidamente van perdiendo toda capacidad de análisis personal y crítico. No nos referimos a ser "criticones", es decir, utilizar la crítica como instrumento permanente que justifica la no sujeción. Nos referimos, más bien, al hecho de que liderazgos como el que describimos, son patológicos, porque confunden el señorío de Jesucristo en la Iglesia con el señorío del pastor. Y eso, es un contrasentido, porque es uno o es otro, aplicando en este caso, el famoso principio filosófico del "tercero excluído".[78]

A manera de ilustración de lo que comentamos, permítasenos una anécdota de la que fuimos testigos ... y víctimas. En cierta ocasión un pastor invitó

---

[77] Dietrich Bonhoeffer, *Creer y vivir,* trad. Miguel A. Carrasco, Ana M. Agud y C. Vigil, Salamanca: Sígueme, 1974, p. 81

[78] El principio del "tercero excluido" pertenece a la filosofía, y dice que cuando dos proposiciones se oponen contradictoriamente, ambas no pueden ser falsas. Por ejemplo, se dice que "si S es P es verdadero, S no es P, es falso, y viceversa.

a mi esposa y a mí, con insistencia, para que fuéramos a implementar en su iglesia un programa de educación teológica. Con suficiente anticipación, unos cuatro meses, explicamos a este pastor las condiciones académicas y el financiamiento del proyecto. Fijamos la fecha inicio y la iglesia, a través de su emisora radial FM promocionó el inicio de las clases. Cuando llegamos al lugar, media hora antes de la estipulada, notamos algunas cosas que nos sorprendieron. Una de ellas, era que el pastor había designado a una persona para hacer las inscripciones de los candidatos al estudio. Este hecho, ya en sí mismo estaba fuera de las condiciones especificadas oportunamente. Lo recaudado, además, era para ciertos gastos que, según se decía, tenía la iglesia. De todos modos procuramos iniciar las clases, pero se nos argumentó que, debido a la escasa concurrencia y a otras situaciones de la iglesia, se postergaría el comienzo de los estudios una semana más. Accedimos a este cambio pero a la semana siguiente la situación llegó a un colapso. Concretamente, este pastor convocó -sin que nosotros fuéramos informados- a todos los líderes que lo secundaban en su ministerio. Y allí, se tergiversó totalmente lo que en su momento se había acordado. Varios de los líderes -a quienes recién conocíamos personalmente- nos faltaron el respeto, argumentando que nosotros no nos sujetabamos al pastor. En rigor de verdad lo que sucedió allí es fácil de explicar aunque difícil de soportar. Como el programa educativo de referencia no iba a ser dirigido, supervisado y, sobre todo, administrado por el pastor, este hermano convocó a los que lo secundaban en el ministerio, para tergiversar los conceptos y los principios bajo los cuales ibamos a implementar ese programa educativo. Para abortar el proceso, no tuvo mejor idea que convocar a sus seguidores para que en presencia de ellos se nos faltara el respeto. En todo momento, pudimos advertir la patología propia de un líder autoritario que había logrado, mediante hábiles maniobras, instalar en la mente de los miembros de su iglesia, que su palabra es la palabra de Dios y que el cuestionamiento de sus actitudes es cuestionamiento del Señor mismo. Lamentamos tener que admitir que este "complejo mesiánico" de este pastor, no es un caso aislado. Constituye, por el contrario, un fenómeno que paulatina y peligrosamente se va haciendo cada vez más generalizado en ámbitos eclesiales donde el principio de la autoridad de las Escrituras es sustentado sólo en fórmulas doctrinales pero no es respetado en la vivencia concreta de las comunidades. Es evidente que en una realidad como la descrita, el señorío de Jesucristo sobre la Iglesia no pasa el umbral de una mera fórmula teórica.

Otra manera de observar la desnaturalización de la autoridad de Jesucristo sobre la Iglesia tiene que ver con el aislamiento y la alienación a que muchas veces los miembros son conducidos. La tendencia eclesiocéntrica que se va gestando en las congregaciones, obliga a los miembros a "vivir para la iglesia". Esta forma de absolutización termina por afectar las otras relaciones del cristiano. Nunca haremos demasiado énfasis en la importancia que tiene la percepción del teólogo Dietrich Bonhoeffer quien, en su *Etica*[79] habla de "los cuatro mandatos", que ya hemos mencionado en el capítulo 4. . Con ello, Bonhoeffer hace referencia a los cuatro órdenes creados por Dios: la familia, la Iglesia, el Estado y el trabajo. Cada uno de ellos tiene su propia esfera de realización pero todos deben estar ordenados al reconocimiento del señorío de Jesucristo. ¿Qué sucede, entonces, cuando en una congregación determinada el activismo que no conoce de límites, implica la obligatoriedad de la asistencia a cultos todos los días de la semana? ¿Cómo puede afectar la vida familiar del creyente y aun su rendimiento en su trabajo particular? Que no se nos entienda mal. No estamos en contra del ministerio de la Iglesia y de las actividades conducentes a la realización de ese ministerio. Lo que estamos señalando es el peligro de caer en un reduccionismo eclesiocéntrico, donde toda la vida cristiana gira en torno a las actividades y las

---

[79] Existe traducción española publicada por editorial Estela, de Barcelona. Un extracto de esos mandatos se puede leer en mi obra *La ética cristiana en un mundo en cambio*, Buenos Aires: Fadeac, 1997, pp. 231-236.

demandas de la iglesia. No debemos confundir "vida consagrada" con "vida de activismo". Se trata, en todo caso, de encontrar un equilibrio que permita glorificar a Jesucristo como Señor en cada ámbito en que nos toca ser testigos de su poder y de su amor.

Finalmente, el señorío de Jesucristo también debe plasmarse en la vida comunitaria. La iglesia, a veces, tiende a la atomización de sus miembros, por la que cada uno de sus miembros "hace la suya", es decir, vive en forma autónoma, independiente e indiferente de los demás. La "preocupación" de los unos por los otros no pasa más allá del saludo: "¿Cómo estás?" Esta pregunta, gastada ya por su uso y abuso, es respondida en forma mecánica por el consabido: "Bien". A veces, sin embargo, se trata de un mero formulismo. En realidad, nadie está obligado a decir "estoy bien" cuando no lo está. Lo mejor es reconocer cuando estamos mal, cuando tenemos dificultades y vivir la vida cristiana no en aislamiento sino en compañerismo. Esto significa la disposición concreta a escuchar al otro, a visitarlo, a orar por él y con él, en suma, a preocuparnos real y eficazmente por el hermano. Sólo así superaremos la atomización y el aislamiento en los que fácilmente caemos como miembros de la comunidad de fe. Sólo así seremos realmente una comunidad en la que Jesucristo es real y concretamente Señor de la Iglesia.

*El amor espiritual reconoce la verdadera imagen del otro partiendo de Jesucristo, es la imagen que Jesucristo ha acuñado y quiere acuñar.*

Dietrich Bonhoeffer

**Preguntas para reflexión y estudio**

1. Describa las relaciones que existen entre el Padre y el Hijo
2. ¿Cómo explica el autor las relaciones entre el Padre, el Hijo y el Espíritu Santo?
3. ¿De qué manera los miembros de la Trinidad se relacionan entre sí?
4. ¿Qué características tiene la iglesia que vive en obediencia a Cristo?
5. ¿Cuáles son las actitudes que el autor afirma no deben faltar en los miembros de la iglesia?
6. ¿Qué consecuencias puede tener una perspectiva idealista de la iglesia que no considera su carácter terreno o mundano, como señala Bonhoeffer?

## Capítulo 8

### Jesucristo: Señor del cosmos

> *Y el que estaba sentado en el trono dijo: 'Yo hago nuevas todas las cosas.' Y también dijo: 'Escribe, porque estas palabras son verdaderas y dignas de confianza.'*
>
> *Después me dijo: 'Ya está hecho. Yo soy el alfa y la omega, el principio y el fin.*
>
> Apocalipsis 21.5-6ª.

> *El ámbito del interés y la acción de Jesucristo es la totalidad de la sociedad humana, más aún la totalidad de la creación.*
>
> José Míguez Bonino

El propósito de Dios no se agota en la Iglesia. Va mucho más allá que la creación de la Iglesia. Ella es una especie de maqueta que anticipa el propósito que Dios ha trazado para el mundo entero. ¿Qué significa la afirmación de que Jesucristo es Señor del cosmos? ¿En qué sentido Jesucristo es Señor del universo? ¿De qué universo estamos hablando? ¿Qué implica, en términos prácticos, afirmar que Jesucristo es Señor del cosmos?

Nuestro concepto central que desarrollaremos en este capítulo es enunciado en los siguientes términos:

**El señorío de Jesucristo se extiende sobre el sistema dominado por el diablo, la cultura humana y el universo presente y futuro.**

**1. Importancia de un adecuado concepto de "mundo".**

Los evangélicos nos hemos caracterizado por enfatizar un concepto negativo de "mundo". En efecto, cuando hablamos de "el mundo", "lo mundano", "las cuestiones del mundo", generalmente lo hacemos pensando en "lo diabólico", "lo malo", "lo tenebroso", algo de lo cual debemos huir. Habitualmente hemos escuchado expresiones como esta: "El hermano Fulano ha dejado las 'cosas del Señor", dedicándose a 'las cosas del mundo'". No siempre, sin embargo, es aclarado el sentido de esas expresiones, aunque uno puede sospechar que hay un decidido rechazo de todo lo que significa la cultura y la sociedad humanas. Inclusive, mucha de nuestra himnología está impregnada de este sentido peyorativo del término. Sólo para dar unos "botones de muestra", clásicamente hemos cantado himnos que reflejan una postura contra el mundo. Uno de esos himnos dice:

*Dejo el mundo y sigo a Cristo, porque el mundo pasará, mas su amor, amor bendito, por los siglos durará.*

El seguimiento de Jesús, concepto del que hemos hablado anteriormente, aunque algo legítimo y fundamental en la experiencia cristiana. Se concreta -según esta óptica- toda vez que huimos del mundo. No se aclara de qué mundo hay que huir y por qué hay que fugarse. Otro himno clásico es todavía más vehemente en sus postulados:

*Aparte del mundo, Señor, me retiro.*

*De lucha y tumultos, ansioso de huir.*

*De escenas horribles, do el mal victorioso,*

*extiende sus redes y se hace servir.*

La misión cristiana es definida en términos de huir del mundo, donde cunden la lucha, los tumultos y el mal horrible. Es, como se dice popularmente, "huir del mundanal ruido". Uno de los teólogos que en América Latina ha sido pionero en el análisis de la teología y la misión que hay detrás de la himnología fue Orlando Costas. Decía este pensador, tempranamente fallecido:

> ¿Qué lugar ocupa el mundo en la actividad litúrgica de estas iglesias? Como lo indican estos himnos, el mundo es el lugar del cual hay que escapar. La función de la Iglesia es condenarlo y tratar de rescatar de sus garras a todos los que pueda.[80]

Por su parte, el español Juan Mateos señala que las relaciones entre la Iglesia y el mundo han derivado en un dilema:

> La relación de la Iglesia con el mundo se ha propuesto a veces como un dilema: ¿opción en favor o en contra del mundo? Y a la alternativa se han dado las dos respuestas extremas; unas veces la negativa: desconocer, aborrecer, anatematizar al mundo, abandonarlo a su suerte, y en algunos movimientos espiritualistas, incluso alejarse de él materialmente; otras

---

[80] Orlando Costas, "La realidad de la Iglesia Evangélica Latinoamericana" en C. René Padilla, *Fe cristiana y Latinoamérica hoy*, Buenos Aires: Certeza, 1974, p. 49

veces se ha propugnado la afirmativa incondicional, la inmersión, la dilución en el mundo propia de ciertos movimientos comprometidos.[81]

La adecuada respuesta a la relación del cristiano hacia el mundo, que demuestre el señorío de Jesucristo, no puede estar en ninguno de esos extremos. Antes de intentar una respuesta adecuada, es necesario que indaguemos más en el sentido negativo de "mundo". Debemos admitir que, aunque existe este sentido en el Nuevo Testamento, no es el único cuando se refiere a "el mundo". El concepto de que el mundo es algo malo, perverso en sí mismo y de lo cual hay que huir tiene su origen en antiguas doctrinas paganas. Una de estas doctrinas ha sido el gnosticismo. Este término se refiere a un movimiento sincretista, una especie de mezcolanza entre ideas judías, filosofía griega y paganismo. El gnosticismo, que fue un movimiento del siglo II, ya se insinúa en el Nuevo Testamento, en pasajes como 1 Corintios 2.6-10, donde Pablo contrasta las pretensiones del gnosticismo pagano —conocimiento (gnosis) superior, "misterios" reservados sólo a quienes se iniciaban en ciertos ritos secretos— con el verdadero conocimiento en Cristo y la revelación de los verdaderos misterios de Dios a través del Espíritu Santo. También encontramos rasgos del gnosticismo en Colosas. En la epístola que Pablo dirigió a la iglesia en esa ciudad pone en evidencia algunas ideas de este "pre-gnosticismo": Cristo era una deidad más dentro de la constelación de Dios, que integraba, el llamado "pleroma", es decir, la plenitud de la Deidad. Por supuesto, Pablo critica estas ideas, para afirmar que Jesucristo no es una mera "chispa" o "desprendimiento" de la Deidad, sino que él mismo constituye "la plenitud de la deidad corporalmente" (2.9 RV 60).

¿Por qué hacemos esta especie de disgresión en nuestro discurso? ¿Es estéril? ¿Está de más? No lo creemos. Más bien, se trata de captar la importancia

---

[81] Juan Mateos, *Cristianos en fiesta*, 2da. edición, Madrid: Cristiandad, 1975, p. 144.

que las ideas gnósticas han tenido en la visión que los cristianos tienen de "el mundo". Porque, además de lo que comentábamos, el gnosticismo finalmente derivaba en una visión negativa de la materia. Aquí está "la madre del borrego" (o "del cordero", en la equivalente expresión española). El gnosticismo era dualista. Esto significa que postulaba dos principios eternos y contrarios: lo espiritual y lo material. La materia era mala en sí misma. Luego, todo lo material debía ser rechazado. La ética del gnosticismo hacía énfasis en cuestiones que constituían -en la visión de Pablo- meros rudimentos del mundo. Estos rudimentos decían: "No manejes, ni gustes, ni aun toques" (2.21 RV 60). La espiritualidad gnóstica consistía en privarse de comidas, bebidas y aun del placer. Trasplantando estas ideas a nuestro presente, no faltan los cristianos que creen que son más espirituales cuando no comen, no beben, ni tienen relaciones sexuales en su matrimonio. Se trata de los famosos "matrimonios blancos", al mejor estilo de los corintios que creían que debían abstenerse de las relaciones conyugales (véase 1 Co. 7, ya comentado).

La respuesta más categórica que la Iglesia formuló al gnosticismo fue el Credo apostólico. En efecto, la primera afirmación de ese Credo dice: "Creo en Dios todopoderoso, Creador del cielo y de la tierra." Esta declaración representa una crítica directa a las pretensiones de los gnósticos, para quienes Dios sólo era el Creador de lo espiritual, no de lo material. Dios, para la Iglesia, es el Todopoderoso, Creador del cielo (lo espiritual) pero también de la tierra (lo material). De este postulado, se derivan muchas cosas. Entre otras, que si Dios es Creador no sólo de lo espiritual sino también de lo material, luego todo lo que tenga que ver con la materia, el cuerpo, la sociedad, el mundo, es del interés de Dios en Jesucristo. De ello se deduce que todas esas realidades materiales también deben ser sometidas al señorío de Jesucristo.

A modo de síntesis, podemos decir que hay varios sentidos de la palabra "mundo" en el Nuevo Testamento.[82] Como sucede siempre, hay que interpretar cada expresión bíblica dentro del contexto en que aparece. En este sentido, es bueno que tengamos en cuenta que cuando el Nuevo Testamento habla de "mundo", a veces se refiere, ciertamente, a un sistema contrario a los propósitos de Dios, por lo cual se nos exhorta "no améis al mundo" (1 Jn. 2.15). Pero también el Nuevo Testamento declara "de tal manera amó Dios al mundo" (Jn. 3.16). En el comentario que haremos a continuación se aclararán los varios sentidos de "mundo" en el Nuevo Testamento.[83] Veremos en qué sentido Jesucristo es Señor del mundo. A fuer de ser claros, nos vemos obligados a escribir en binomios, es decir, a anexar al sustantivo "mundo" un adjetivo que califique el sentido en que hablamos. Por eso nos referiremos al "mundo-sistema", "mundo-cultura" y "mundo-universo".

### 1. Jesucristo: Señor del mundo-sistema

Los apóstoles Juan y Pablo se refieren varias veces al mundo, en el sentido de "sistema dominado por el mal". El primero escribe:

> No améis al mundo, ni las cosas que están en el mundo. Si alguna ama al mundo, el amor del Padre no está en él. Porque todo lo que hay en el mundo, los deseos de la carne, los deseos de los ojos, y la vanagloria de la vida, no proviene del Padre, sino del mundo. Y el mundo se pasa, y sus deseos; pero el que hace la voluntad de Dios permanece para siempre (1 Jn. 2.15-17 RV 60).

---

[82] La palabra griega que se traduce "mundo", generalmente corresponde al original *kosmos*, que literalmente significa "mundo ordenado o hermoseado". Otros términos son *oikoumene*, que significa "mundo habitado" y aparece en Hebreos 2.5, y *aeón*, que literalmente significa "siglo" o "edad", como cuando Pablo habla del "presente siglo malo" en Gálatas 1.4.

[83] Para un análisis detenido de los varios sentidos del término "mundo" en el Nuevo Testamento y sus implicaciones para la evangelización, véase C. René Padilla, *El Evangelio hoy*, Buenos Aires: Certeza, 1974, pp. 95-126

Claramente, el enfoque de Juan es dualista. Decimos "enfoque" y no pensamiento, porque sólo en su modo de expresión Juan parece ser dualista. En rigor, esta es una característica que sobresale en sus escritos. Juan siempre trabajó los dobles opuestos: luz/tinieblas, vida/muerte, amor/odio, verdad/mentira (ver 1.5, 6, 7, 10; 2.9, 10). Aquí, el apóstol se refiere al amor a Dios y el amor al mundo. Ambos no pueden coexistir. Por eso exhorta a no amar al mundo. Para que no nos queden dudas, define al mundo bajo una triple designación: deseos de la carne, deseos de los ojos y vanagloria de la vida. Se trata, evidentemente, de un sistema que está diametralmente en las antípodas de Dios. El mundo es, para Juan, una especie de superestructura que se ha erigido sobre la realidad creada por Dios y destinada, por el diablo, a engañar a los hombres. En efecto, mientras el amor a Dios nos conduce a una vida plena y auténtica, el amor al mundo como sistema nos lleva a una vida inútil aunque se nos presenta como si fuera auténtica. Para concluir esta breve referencia al enfoque de Juan, leemos una de sus últimas declaraciones: "Sabemos que somos de Dios, y el mundo entero está bajo el maligno" (5.19 RV 60). El apóstol entiende que todo el mundo como sistema engañador está bajo la nefasta autoridad del maligno. Literalmente Juan escribe: *jó kósmos jólos én tó poneró keítai*, es decir, "todo el mundo está en el perverso". ¿En qué sentido el mundo está en el perverso? Hay varias formas de interpretar esta relación. De hecho, los traductores al castellano vierten la frase de diferentes maneras: "El mundo entero está bajo el maligno" (RV 60); "El mundo entero está en poder del malo" (NBE), y aun "el mundo todo está poseído del mal espíritu" (Serafín Ausejo). En general, la interpretación más común es decir que el mundo está bajo el poder del maligno. Sin embargo, quisiéramos proponer otra idea. Tomando más literalmente la preposición griega *én*, pensamos que bien puede ser una referencia a la esfera o el reino del maligno. En otros términos, el mundo está en la esfera o reino del perverso, es decir, del diablo. Esta es la interpretación que insinúa Johann Michl al comentar: "Ellos son de Dios, mientras que el 'mundo', enredado como está en el pecado y en los afanes que nacen de éste, es el reino del diablo, del adversario de Dios ('del maligno')."[84] Pero para Juan, la contundente descripción no es sinónimo de fatalismo o derrota. Por el contrario, afirma: "Porque todo lo que es nacido de Dios vence al mundo; y esta es la victoria que ha vencido al mundo, nuestra fe. ¿Quién es el que vence al mundo, sino el que cree que Jesús es el Hijo de Dios?" (1 Jn. 4.4, 5 RV 60). La victoria sobre el mundo-sistema es una realidad que experimentan los que creen en Jesús, el Hijo de Dios, los que viven bajo su señorío. Porque, precisamente, "para esto apareció el Hijo de Dios, para deshacer las obras del diablo" (3.8 RV 60).

También Pablo se refiere al mundo como sistema perverso. Lo hace en textos como Gálatas 1.4 y 2 Corintios 4.4. En el primero, el apóstol habla de la liberación que se ha operado por la obra del Señor Jesucristo. Dice: "El cual se dio a sí mismo por nuestros pecados para librarnos del presente siglo malo, conforme a la voluntad de nuestro Dios y Padre" (RV 60). Pablo se vale de la antinomia "vieja edad", "nueva edad", propia del judaísmo. El presente siglo (en gr. *aeón*) está dominado por el mal, el pecado, la muerte. Pero hay una edad futura, el nuevo *aeón* que corresponde al Reino de Dios. Con referencia a la designación de Satanás como "dios de este mundo" (2 Co. 4.4) Manson hace algunas precisiones importantes:

> Una designación especialmente significativa de Satán es el título de "dios de este mundo" (2 Co. 4.4). En este caso, las pretensiones de Satán se elevan al máximo. Pablo habla (1 Co. 2.8) de "rectores de este mundo"; pero las exigencias de Satán son aquí más altas. Tenemos que entender que Satán y Dios están pidiendo lo mismo del hombre: un sometimiento y lealtad totales. Y, hasta cierto punto, Satán realiza su deseo. El es el

---

[84] Otto Kuss-Johann Michl, *Carta a los Hebreos, Cartas católicas. Comentario de Ratisbona*, trad. Florencio Galindo, Barcelona: Herder, 1977, p. 665.

dios de este mundo o eón. Desde el punto de vista paulino, su poder sobre los gentiles es una sólida realidad.[85]

Es cierto que Satanás sigue cegando la mente de los incrédulos para que no les resplandezca la luz del Evangelio. Pero no es menos cierto que Cristo ya ha obtenido una victoria definitiva sobre los poderes del mal. El apóstol afirma que "Dios nos hace desfilar victoriosos con Cristo" (2 Co. 2.14). Pablo se vale de las imágenes de los ejércitos romanos que desfilaban luego de haber obtenido una victoria resonante sobre sus enemigos, llevados como botín de guerra y sentenciados a muerte. Por eso, para ellos, el incienso que se esparcía por el aire era un perfume desagradable porque les anticipaba su suerte. Para los victoriosos, el mismo incienso era un aroma agradable de victoria. La misma idea está presente en la carta a los Colosenses. Pablo dice: "Destituyendo a las soberanías y autoridades, las ofreció en espectáculo público, después de triunfar de ellas por medio del Mesías" (2.15 NBE). Usando una famosa metáfora de la Segunda Guerra Mundial, la cruz ha significado "el día D", porque allí se libró la batalla decisiva sobre los poderes del mal liderados por el Perverso. Pero ahora, cada cristiano debe materializar esa victoria. Por eso, también en 2 Corintios, Pablo se refiere a esta lucha que debe encarar cada hijo de Dios:

> Aunque procedo, cierto, como hombre que soy, no milito con miras humanas, porque las armas de mi milicia no son humanas; no, es Dios quien les da poder para derribar fortalezas: derribamos falacias y todo torreón que se yerga contra el conocimiento de Dios; hacemos prisionero a todo el que maniobra, sometiéndolo al Mesías... (10.3-5 NBE).

---

[85] T. W. Manson, *Cristo en la teología de Pablo y Juan*, trad. Alfredo Oltra, Madrid: Cristiandad, 1975, p. 28. Manson agrega que "Pablo se salva del dualismo por dos hechos: a) porque este poder satánico está limitado en extensión; b) porque su poder es, ya en principio y luego en detalle, destruido por Cristo". *ibíd.*

Otra vez está presente la acción del enemigo, que ha forjado fortalezas que aparecen como inexpugnables. Pero no son tales. Porque con las armas de Dios a nuestra disposición, eficaces en nuestra lucha espiritual (cf. la armadura de Dios en Efesios 6.10ss.) podemos derribar todo argumento falaz que se erige en contra del señorío de Jesucristo. La finalidad es que todo pensamiento humano se someta a ese señorío.

En síntesis, el diablo ha forjado a través del tiempo una superestructura llamada "mundo", un sistema por el que domina y engaña a los hombres, conduciéndolos, inevitablemente, a la destrucción. Pero Jesucristo ha obtenido una victoria definitiva sobre todos los poderes del mal. Por lo tanto, el sistema, aunque todavía en nefasta vigencia, ha sido desenmascarado y derrotado. Su fin ya está sentenciado. Jesucristo es Señor del mundo-sistema y es nuestro deber y privilegio materializar esta victoria por la fe. Atentos a las maquinaciones del diablo, con los ojos bien abiertos, debemos someter todo pensamiento y acción para que reconozca el señorío de Jesucristo sobre el mundo-sistema.

## 2. Jesucristo: Señor del mundo-cultura.

Hay un segundo sentido de "mundo" que también es necesario relacionar con el señorío de Jesucristo. Se trata de lo que denominamos "mundo-cultura", entendido como un conjunto de valores y estilos de vida que un pueblo va forjando a lo largo de su historia. También ese mundo-cultura necesita ser penetrado por el Evangelio. ¿Qué fundamentos existen para esta perspectiva? ¿Qué ejemplos se han dado en la historia en la búsqueda del señorío de Jesucristo? ¿Qué desafíos implica para nosotros en nuestra realidad latinoamericana?

Debemos admitir que, aunque no tengamos en el Nuevo Testamento la expresión "Jesucristo, Señor de la cultura", la idea puede ser derivada del hecho de que Jesucristo es proclamado "Salvador del mundo" (Jn. 4.42) a raíz de que Dios amó al mundo y se ha propuesto salvarlo (Jn. 3.16-17). Como no hay salvación sin señorío de Jesucristo, luego debemos entender que su dominio se extiende mucho más allá que "la salvación de las almas" y aun "de las personas". Jesucristo está llamado a ser Señor y Salvador de la cultura humana. Esto es así, porque como se afirma en el documento *Misión y evangelización*:

> En la Biblia, la vida religiosa nunca se limitaba al templo o se aislaba de la vida cotidiana (Os. 6.4-6; Is. 58.6-7). La enseñanza de Jesús sobre el reino es una clara referencia al señorío amoroso de Dios sobre toda la historia humana. No podemos limitar nuestro testimonio a una esfera supuestamente particular de la vida. El señorío de Cristo ha de ser proclamado a todos los ámbitos de la misma.[86]

No existen ámbitos neutrales para el señorío de Jesucristo. Él debe ser proclamado como Señor de áreas como la cultura, la economía, la política y el arte. Postular a Jesucristo como Señor de la cultura depende de nuestra comprensión de la evangelización. Habitualmente hemos reducido el Evangelio a ciertas "leyes espirituales" o fórmulas de fácil transmisión. Inclusive, hemos creído que el Evangelio sólo tiene que ver con nuestra experiencia inicial de conversión. En otros términos, que el ser humano entra en contacto con el Evangelio sólo cuando se arrepiente y cree en Jesucristo. Luego, su vida tiene poco que ver con el Evangelio como fuerza salvadora de Dios. Esto, creemos, es fruto de una deficiente comprensión del Evangelio que es, obviamente, mucho más que unas leyes espirituales o fórmulas de fácil comprensión y transmisión. Más cerca de los hechos y del propósito de Dios está la perspectiva de lo que se ha dado en llamar "evangelización de la cultura". Esto ha sido definido como:

---

[86] *Misión y evangelización: una afirmación ecuménica*, trad. Luis y Elena Odell, Ginebra: CMI, 1982, p.18. Para un análisis amplio de la *missio Dei* en perspectiva del Reino de Dios véase Alberto F. Roldán, *Reino, política y misión,* Lima: Ediciones Puma, 2011.

> alcanzar y transformar, con la fuerza del Evangelio, los criterios de juicio, los valores determinantes, los puntos de interés, las líneas de pensamiento, las fuentes inspiradoras y los modelos de vida de la humanidad, que están en contraste con la Palabra de Dios y con el designio de salvación. [...] Lo que importa es evangelizar -no de una manera decorativa, como un barniz superficial, sino de manera vital en profundidad- y hasta sus mismas raíces la cultura y las culturas del hombre.[87]

Por supuesto, hablar de la evangelización de la cultura no deja de tener sus riesgos. Entre otros, la tentación de vulnerar las culturas autóctonas, imponiendo otras que no necesariamente se corresponden con el Evangelio. La historia ha sido testigo de cómo, muchas veces, un Evangelio-cultura se ha impuesto a los demás pueblos sin respetar sus raíces y peculiaridades. Se trata, en ese caso, de una aculturación forzosa e irrespetuosa, que milita en las antípodas de lo que ha sido el modelo de evangelización de Jesús de Nazaret. Criticando este tipo de distorsión, comenta Padilla:

> El evangelio del cristianismo-cultura hoy es un mensaje de conformismo, un mensaje que, si no se lo acepta, por lo menos se lo tolera fácilmente porque no perturba a nadie. El racista puede continuar siendo un racista, el explotador puede continuar siendo un explotador. El cristianismo será algo paralelo a la vida, no algo que la permea por completo.[88]

¿Cuáles han sido los ejemplos que la historia de la Iglesia nos ofrece en cuanto a intentos por hacer concreto el señorío de Jesucristo en la cultura? Se nos

---

[87] *Evangelii Nuntiandi*, nros. 19-20, cit. en el *Documento de Puebla*, nro. 394

[88] C. René Padilla, *El Evangelio hoy*, Buenos Aires: Certeza, 1974, pp. 134-135.

ocurre pensar en dos ejemplos, acaso los más significativos: Juan Calvino y Juan Wesley. El primero, francés que perteneció a la segunda generación de reformadores, realizó una labor múltiple: teológica, pastoral y social. Muchas cosas pueden cuestionársele a Calvino al analizar su práctica social y política. Entre otras, se le ha criticado su intolerancia (manifestada, por ejemplo, en el proceso contra Servet) y los problemas que tuvo para separar claramente la Iglesia y el Estado en la Ginebra de entonces. Se ha discutido si el proyecto de Ginebra, en cuyo gobierno Calvino tuvo mucho que ver, constituyó realmente una teocracia.[89]

Pero, pese a todo lo que podría cuestionarse del modelo ginebrino, una cosa es cierta: la comprensión de los alcances más amplios de la evangelización y el señorío o realeza de Jesucristo en el mundo. Como señala Heiko Oberman:

> El elemento relativamente más progresista en el concepto reformado del Estado puede ser rastreado hasta el punto de vista de Calvino respecto a Dios como Legislador y Rey y ese rol de Dios no estaba limitado sólo a la congregación sino que también se extendía *etiam extra ecclesiam:* aún más allá de la iglesia.[90]

El modelo de Calvino es propio de lo que Richard Niebuhr ha definido como "Cristo transformador de la cultura". Lejos de la postura reduccionista y

---

[89] Así lo han interpretado, entre otros, Reinhold Seeberg y Ernst Troeltsch. Por su parte, Sidney Rooy, citando a Sheldon Wolin, interpreta que no fue una teocracia sino más bien una "comunidad corporativa". Véase su análisis en "Relaciones de la Iglesia con el poder político. El modelo reformado", en Pablo A. Deiros, editor, *Los evangélicos y el poder político en América Latina*, Buenos Aires: Nueva Creación, 1986, pp. 62-64. Este mismo historiador también comenta algunos problemas que tuvo Calvino en Ginebra, cuando dice que: "en teoría al menos, Calvino quiso la separación de la Iglesia y el Estado y luchó toda su vida contra la intromisión del Consejo en los asuntos eclesiásticos [...] De hecho, la Iglesia dependía financieramente del Estado...", *ibíd.*, p. 51).

[90] Heiko A. Oberman "The 'Extra' Dimension in the Theology of Calvin", *Journal of Ecclesiastical History*, 21, 1970, pp. 43-64, cit. por Timothy George, *Theology of the Reformers*, Nashville: Broadman Press, 1988, p. 244.

aislacionista de "Cristo contra la cultura", Calvino entendía la función de Cristo como una labor transformadora de todas las relaciones del hombre, incluyendo la política y la economía. Calvino, que nadie ignora ha sido un fiel discípulo de San Agustín, deseaba "que el evangelio impregne actualmente toda la vida"[91]

Detrás de la práctica ministerial y social de Calvino, se vislumbra una cristología de amplios alcances. Como bien lo expresa Lamberto Schuurman:

> Calvino ha luchado con un problema que actualmente está muy en boga: ¿cómo hay que relacionar el señorío real de Jesucristo con la realidad estatal? No estaba dispuesto a entregar el Estado en manos de la Iglesia ni de una difusa teoría del derecho natural. Sometió toda la estructura política a la voluntad revelada de Dios.[92]

El otro ejemplo de la historia viene de la Inglaterra del siglo XVIII. Se trata de Juan Wesley. Junto a su hermano Carlos, fue el fundador de lo que luego se denominó "el metodismo". Recordemos algo de su apasionante historia. Juan Wesley pertenecía a la Iglesia Anglicana y fue designado misionero a Georgia,

---

[91] H. Richard Niebuhr, *Cristo y la Cultura*, trad. José Luis Lana, Barcelona: Península, 1968, p. 224. La expresión traducida "actualmente" debería ser vertida como "realmente", ya que viene del vocablo inglés *actually,* que no significa precisamente "actualmente" sino que apunta a lo real. Para un análisis de la relación entre la misión y la cultura latinoamericana, véase mi libro *Evangelio y antievangelio*, México: Kyrios, 1993.

[92] Lamberto Schuurman, *Etica política*, Buenos Aires: La Aurora, 1974, pp. 258-259. La importancia de Calvino ha sido de tal magnitud, que Hans Baron afirma: "el pensamiento político calvinista ayudó más que cualquier otra tendencia en el tiempo para evitar una plena victoria del absolutismo y preparar el camino para las ideas constitucionales y aun republicanas". "Calvinist Republicanism and its Historical Roots", *Church History*, 8, 1939, pp.30-41, cit. por Heiko A. Oberman, *The Dawn of the Reformation*, Grand Rapids: Eerdmans, 1992, p. 267. Para un análisis de la política de Calvino véase Alberto F. Roldán, "La ética social y política en Juan Calvino. Algunos desafíos para América Latina", *Teología y cultura*, año 6, vol. 11 (2009), pp. 33-44.

Estados Unidos. Lo insólito es que cuando fue como misionero para convertir a los no cristianos, él mismo no era convertido. El testimonio de fe y paz de un grupo de moravos en una tormenta en el mar impactó a Juan, quien se convertiría en una iglesia de Londres, en la oportunidad en que públicamente estaba leyéndose el prefacio a la carta a los Romanos, que había sido escrito por Lutero. Fue así como Juan y Carlos se transformaron en líderes de un nuevo movimiento que luego se conoció como "metodismo". Lo importante para nuestro tema es que para Juan Wesley no había redención que no incluyera lo social. En efecto, por la tesonera labor de Wesley y el Evangelio dado en el poder del Espíritu, Inglaterra fue sacudida y transformada. Tabernas y bares eran cerrados y convertidos en lugares de predicación. El mismo Juan Wesley alentó a Wilberforce en su lucha por erradicar la esclavitud y formó un fondo común para ayudar a personas que habían quedado ahorcadas por préstamos bancarios. Inclusive, los metodistas formaron el partido laborista inglés.[93]

En síntesis, los discípulos de Jesucristo debemos ampliar nuestra comprensión tanto del Evangelio como del señorío de Cristo. Estamos llamados a insertarnos en la sociedad y en la cultura a la que pertenecemos y, con los valores del Evangelio y en el poder del Espíritu, influir en esos ámbitos. Esto significa convertirnos en iglesia autóctona, que en palabras de Padilla

> es aquella que en virtud de la muerte y resurrección de Cristo encarna el Evangelio dentro de su propia cultura. Adopta un estilo de vida, pensamiento y acción en que sus propios patrones culturales son transformados y realizados plenamente por el Evangelio. En cierto

---

[93] Para más datos sobre Wesley y su función social, véanse los trabajos de Gonzalo Báez-Camargo, *Espíritu y Mensaje del Metodismo Wesleyano*, México: Jákez, 1962 y Dorothy F. Quijada, "Juan Wesley y su ministerio integral", *Boletín Teológico*, nro. 46, Buenos Aires: Fraternidad Teológica Latinoamericana, 1992, pp. 107-145.

sentido, es la personificación cultural de Cristo, el medio a través del cual Cristo toma forma en una cultura dada.[94]

## 3. Jesucristo: Señor del mundo-universo

Jesucristo no es sólo Señor del mundo como sistema dominado por el mal ni sólo Señor de la cultura. También Jesucristo es Señor del mundo considerado como el universo creado por Dios. En este sentido, hay por lo menos dos dimensiones del tema: Jesucristo, Señor del universo actual, y Jesucristo, Señor del nuevo mundo.

Lejos de la concepción deísta, que postulaba un Dios creador del universo como una especie de relojero que dio cuerda a un reloj pero que se desentendió de su marcha, el Dios revelado en la Biblia es el Creador del cielo y de la tierra, plenamente comprometido con el andar del mundo. En este sentido, la cristología del Nuevo Testamento nos habla de un Cristo sustentador del universo. Volviendo al himno cristológico que encontramos en la carta a los Colosenses, Pablo dice:

*Pues por su medio se creó el universo celeste y terrestre, lo visible y lo invisible, ya sean majestades, señoríos, soberanías o autoridades.*

*Él es modelo y fin del universo creado, él es antes que todo y el universo tiene en él su consistencia. (1. 1.16-17 NBE).*

Es claro que, para Pablo, Jesucristo es mucho más que un Salvador del alma, sólo interesado en la solución de los problemas espirituales de las personas. El es el modo y la finalidad de todo el universo creado por Dios. Y no sólo eso: también es quien da consistencia o mantiene en cohesión a todo el universo. Esto significa su señorío actual sobre toda la creación, una afirmación que también

---

[94] C. René Padilla, *op. cit.*, p. 77.

encontramos en la carta a los Hebreos: "El sostiene el universo con la palabra potente de Dios"; He. 1.3 NBE).

Por supuesto, hoy la creación entera sufre a raíz del pecado y la acción depredadora de los hombres. Lo que hoy se denomina "problema ecológico" se encuentra ya en los escritos paulinos. Efectivamente, Pablo desarrolla el tema desde una perspectiva teológica en Romanos 8:

> De hecho, la humanidad otea impaciente aguardando a que se revele lo que es ser hijos de Dios; porque, aun sometida al fracaso (no por su gusto, sino por aquel que la sometió), esta misma humanidad abriga una esperanza: que se verá liberada de la esclavitud a la decadencia, para alcanzar la libertad y la gloria de los hijos de Dios. Sabemos bien que hasta el presente la humanidad entera sigue lanzando un gemido universal con los dolores de su parto. Más aún: incluso nosotros, que poseemos el Espíritu como primicia, gemimos en lo íntimo a la espera de la plena condición de hijos, del rescate de nuestro ser, pues con esa esperanza nos salvaron. Ahora bien, esperanza de lo que se ve ya no es esperanza; ¿quién espera lo que ya ve? En cambio, si esperamos algo que no vemos, necesitamos constancia para aguardar (8.19-25 NBE).

Nunca como ahora, la actualidad de este pasaje es tan notoria. Por todos lados somos espectadores de un proceso de deterioro de los recursos naturales. El hombre ha actuado irresponsablemente, explotando indiscriminadamente los recursos que Dios ha puesto a su disposición. Comentando precisamente esta realidad y relacionándola con el pasaje citado, dice Moltmann:

> Hemos convertido el entorno natural en materia de nuestra dominación explotadora. Hemos rebajado el cuerpo que *somos* a corporeidad que *tenemos*. Con ello hemos condenado a muerte a los dos. Por eso "también la criatura anhela verse libre de la servidumbre de la decadencia" y

"espera angustiosamente la revelación de los hijos de Dios, que son libres" (Rom. 8.19 ss).[95]

Esa actitud irresponsable de los hombres se evidencia en la contaminación de los ríos y los mares, la contaminación del ambiente, la polución, la tala indiscriminada de árboles en la Amazonia y muchos otros problemas que hoy nos aquejan. En términos de Pablo, todo esto significa reducir la creación a la inutilidad. Por vía de contraste, podemos decir que mientras Dios procura hacer del mundo un cosmos, el hombre se empeña en reducirlo a un caos. Aquí es preciso afirmar la centralidad de Jesucristo como Palabra creadora de Dios. Lo que Daniel Migliore resume en los siguientes conceptos:

> De acuerdo a la Escritura, Jesucristo es la Palabra que estaba con Dios en el principio y a través de quien todas las cosas fueron creadas (Juan 1.1-3; He. 11.3). El es el objetivo hacia el cual se mueve toda la creación, y este objetivo divino hace del mundo un cosmos antes que un caos. En Cristo "todas las cosas se mantienen juntas" (Col. 1.17). El propósito por el cual Dios creó el mundo es desplegado en forma decisiva en la vida, muerte, y resurrección de Jesucristo. Con Dios el Padre y el Espíritu Santo, la Palabra de Dios está presente y activa en la creación, redención y consumación del mundo.[96]

Si Jesucristo es el mediador de todo lo creado, y si sólo por su obra las cosas creadas todavía se mantienen en cohesión, muy a pesar de la irresponsable actividad humana en el mundo, debemos pensar que sólo en Jesucristo el Señor

---

[95] Jürgen Moltmann, *El futuro de la creación*, trad. Jesús Rey Marcos, Salamanca: Sígueme, 1979, p. 126. Cursivas originales. Para un análisis de la ecología dentro de la *missio Dei*, véase Howard A. Snyder y Joel Scandrett, *La salvación de toda la creación. La ecología del pecado y la gracia,* trad. Raúl Padilla, Buenos Aires: Ediciones Kairós, 2016.

[96] Daniel Migliore, *Faith seeking understanding*, Grand Rapids: Eerdmans, 1991, p. 90.

será posible la redención del mundo. Volviendo al pasaje clave de Romanos 8, debemos entender "creación" —en gr. *ktisis*—[97] en un sentido amplio, no reducido a la idea de "humanidad", como se observa en la *Nueva Biblia Española*. Pablo está pensando no sólo en la corrupción que ha sobrevenido a la humanidad, sino en un proceso de deterioro que alcanza a todo lo creado por Dios. En el trasfondo de Romanos 8 vemos el relato de Génesis 3, donde la tierra comienza a producir espinos y cardos, como símbolos de lo inútil. Mediante el recurso de personificación, Pablo dice que toda la creación actúa de dos maneras: por un lado, "otea impaciente" (literalmente, "mira ansiosamente con la cabeza levantada") aguardando la revelación de los hijos de Dios; y, por otro, la creación lanza un gemido universal, sufriendo los dolores de parto, mientras llega el nuevo mundo. Cuando los hijos de Dios se manifiesten en plena gloria, a modo de primicias del nuevo mundo, entonces toda la creación va a experimentar una inusitada liberación, que se corresponderá con esa gloria. La presencia del Espíritu en nosotros, como primicias, es una garantía de que toda la expectativa del futuro no es mero optimismo, sino que se trata de una esperanza firme en las promesas del Dios creador y redentor.

En términos prácticos, el señorío de Jesucristo sobre el mundo entendido como universo creado, nos conduce a dos actitudes. Una de ellas es respetar nuestro ambiente, amar a la naturaleza, desarrollar una ética ecológica que surge del amor a Dios y a su creación, sabiendo que, como dice el viejo principio teológico, "la gracia no destruye la naturaleza, sino que la presupone y la perfecciona". En segundo lugar, el señorío de Jesucristo sobre la creación nos

---

[97] Para una amplia discusión sobre el sentido de *ktisis* en este contexto, véase C.E. Cranfield, *The International Critical Commentary, Romans*, vol. I, Edimburgo: T. & T. Clark, 1975, pp. 411-412. Por su parte Karl Barth, en su célebre comentario a Romanos, al referirse a este pasaje dice que "los hombres sufren —no podemos ni por un momento dudar de esto— en un mundo que sufre con ellos." *The Epistle to the Romans*, trad. Edwyn C. Hoskyns, New York: Oxford University Press, 1968, p. 306.

conduce a la esperanza activa en la promesa de un mundo nuevo. Pedro afirma que "esperamos, según sus promesas, cielos nuevos y tierra nueva, en los cuales mora la justicia" (2 P. 3.13 RV 60). El vidente Juan, por su parte, nos anticipa en imágenes apocalípticas cómo será ese nuevo mundo, afirmando que la morada de Dios con los hombres ya no será más reducida a lo celestial, porque la ciudad santa desciende desde el cielo a la nueva tierra. Así se cristalizará la morada de Dios con los hombres y él en persona estará con su pueblo redimido (Ap. 21.1-3). "Y el que estaba sentado en el trono dijo: -Todo lo hago nuevo" (v. 5a NBE). Como Alfa y Omega, principio y fin de todo, Jesucristo ejercerá su señorío sobre los cielos nuevos y la tierra nueva. Así se manifestará en forma plena como Señor total. En palabras de José Míguez Bonino:

> El ámbito de interés y la acción de Jesucristo es la totalidad de la sociedad humana, más aún la totalidad de la creación. La teología cristiana ha articulado esta afirmación clara del Nuevo Testamento en la doctrina acerca de la persona y obra de Jesucristo, llamada "cristología". Allí encontramos elementos básicos para una doctrina cristiana de la sociedad.[98]

**Conclusión**

Hablar del señorío de Jesucristo sobre el mundo es referirnos a un amplio abanico de realidades que hemos procurado abordar en este capítulo. Ello nos conduce a reflexionar en formas concretas para el ejercicio de ese señorío.

En lo que se refiere al mundo-cultura, la tendencia de muchos evangélicos ha sido la de rechazar todo lo que es "mundano" ya que, como hemos visto, han absolutizado o reducido el concepto "mundo" a lo diabólico y

---

[98] José Míguez Bonino, "Fundamentos teológicos de la responsabilidad social de la Iglesia" en Rodolfo Obermüller, *et. al. Responsabilidad social del cristiano,* Montevideo: ISAL, 1964, p. 26

pecaminoso. Pero los cristianos creemos en el Dios que no sólo es Salvador, sino también Creador. Como Creador del cielo y de la tierra, Dios está interesado no sólo en las cuestiones que llamamos "espirituales", sino también en las consideradas "materiales". Si pensamos concretamente en el mundo de la cultura entendido como todo aquello que forja el hombre modificando la naturaleza, debemos reivindicar esa labor humana, alentarla y hacer un uso inteligente de ella. Parafraseando a Pablo, podemos decir que "todo lo que Dios ha creado es bueno, no hay que desechar nada, basta tomarlo como agradecimiento" (1 Ti. 4.4 *NBE*). Es cierto que en el contexto de este pasaje, el apóstol se refiere a quienes, en un arrebato mítico, prohibían casarse y comer ciertos alimentos. Ese tipo de reacciones "superespirituales" no han sido patrimonio de los cristianos del primer siglo. También hoy día no faltan creyentes que piensan que son más espirituales privándose de alimentos, no escuchando música "del mundo", aislándose todo lo posible del "mundanal ruido" y rechazando el matrimonio para lograr una "moral superior". Pero si tomamos en cuenta a Jesús de Nazaret, nuestro Señor y nuestro modelo ético, notaremos cuán lejos están esas actitudes con las actitudes de El reflejadas en los evangelios. Concretamente, Jesús vivió como judío y se encarnó en esa cultura del primer siglo. A diferencia de una postura casi anti-social, reflejada por Juan el Bautista, Jesús comía y bebía con publicanos y pecadores, lo cual le valió el mote de "comedor y bebedor".

Cabe preguntarse, además, si es posible elaborar un "mundo cristiano" en términos absolutos, que no se valga de elementos considerados "mundanos". Podemos pensar en el lenguaje. ¿Existe un lenguaje celestial, "espiritual", que no tenga nada que ver con el lenguaje humano? La Biblia misma, ¿no es acaso la palabra "encarnada" de Dios en términos humanos? ¿No está la Biblia llena de metáforas y símbolos propios de la realidad humana y terrena? ¿No se vale Dios de analogías para darnos a conocer sus verdades? Aun conceptos tan importantes para la fe, tales como "pacto", "roca", "pastor", "reino", "redención", ¿no son tomados de la realidad cultural del Antiguo Cercano Oriente y del mundo Grecorromano para ilustrar las verdades divinas?

En consecuencia, como cristianos somos invitados por el Dios Creador, para disfrutar de las buenas cosas que El ha hecho y, también de l as cosas buenas que el hombre desarrolla como portador de la imagen de Dios. El hijo de Dios ha sido "redimido para lo humano". [99] El cristiano está llamado a disfrutar todo aquello que es bueno y utilizarlo para la gloria de Dios. Aquí entran en juego realidades tan dispares como: la música, la literatura, la poesía, la educación y todo aquello que sea propio de la cultura humana. Por supuesto, no somos ajenos al hecho de que muchas de esas realidades han sido afectadas por el pecado, pero ese dato no nos debe conducir a una actitud reaccionaria, propia de los anacoretas de la Edad Media que se aislaban de la sociedad. Además, la inserción de los cristianos en la cultura, es una forma concreta de influir en ella con los valores del Evangelio.

Una palabra final referida al tema de la ecología. Debemos admitir un hecho: no fueron precisamente los cristianos quienes advirtieron de los problemas ecológicos en el mundo contemporáneo. Más bien, desde vertientes orientalistas y científicas fue desde donde se lanzó el grito de alarma sobre las cuestiones de contaminación del medio ambiente, los ríos y los mares. El hecho de que la corrupción haya afectado tanto a la creación de Dios (véase Ro. 8.18ss.) no debe conducirnos a una actitud indiferente hacia lo que está sucediendo en estas áreas. En términos concretos y a nivel de sugerencias, los cristianos debiéramos ser los primeros en no producir contaminación, en practicar la higiene, en no arrojar residuos en las calles, en pronunciarnos contra de todo tipo de altera ción del medio ambiente, a asociarnos a movimientos que están favor de la ecología.

---

[99] Precisamente las cartas del teólogo luterano Dietrich Bonhoeffer y que corresponden a la etapa de su vida anterior a la prisión, en su edición española se titulan *Redimidos para lo humano*, trad. José J. Alemany, Salamanca: Sígueme, 1979.

Prácticas como las enunciadas, mostrarán que nuestro interés no se reduce a la consabida "salvación de almas", sino que va mucho más allá. Inspirados por la esperanza de un cielo nuevo y una tierra nueva, los cristianos debemos ser los primeros en actuar a favor de hacer más habitable nuestro mundo. Un mundo que, en términos más estrictos, es de Dios y, por lo tanto, merece de nuestra parte, admiración, cuidado y disfrute. Porque, como bien decía aquel gran médico, filántropo, teólogo y músico que se llamó Albert Schweitzer: "La ética consiste en la responsabilidad hacia cuanto vive, responsabilidad que se ha ampliado tanto, que carece de límites."

Concluimos con la visión cósmica de Jesucristo que refleja en forma insuperable la poesía de Alice Maynell:

*De su paso por esta tierra movediza, muchas cosas nos contaron.*

*Esto queda: el anuncio a una doncella, el nacimiento,*

*sus lecciones y un hombre joven en la cruz.*

*Pero de la hueste innumerable*

*De las estrellas, ninguna supo nunca*

*Lo que en esta esfera terrestre hizo él.*

*Sólo a nuestra raza se confió la palabra del Señor.*

*De sus pies que en la tierra se posaron*

*Nadie conoce el secreto oculto, inquietante,*

*El terrible secreto turbador, apenas susurrado,*

*Dulce y estremecedor de su estancia con nosotros.*

*Ningún planeta sabe que este*

*Nuestro humilde planeta, cargado de tierra y olas,*

*De amor y vida multiforme, dolor y gozo,*

*Guarda como un tesoro una tumba vacía.*

*Nadie, en nuestro tiempo breve, podría*

*Sus huellas en el cielo rastrear,*

*Su camino por la Vía Láctea, o decir*

*En qué ahora allí se emplea.*

*Pero, por toda una eternidad, sin duda,*

*Un millón de extraños evangelios*

*Habremos de escuchar y cotejar, que nos dicen*

*Cómo él holló las Pléyades, la Lira y la Osa.*

*¡Alerta, alma mía! Disponte a repasar*

*los inconcebibles rostros de Dios*

*que nos muestran las estrellas.*

*Nosotros sólo un Hombre habremos de mostrarles.*[100]

---

[100]Alice Maynell, "Christ in the Universe", en A. Methuen (editor), *An Anthology of Modern Verse*, Londres, 1921, pp. 156-157, cit por W. D. Davies, *op. cit.*, pp. 327-328.

**Preguntas para reflexión y estudio**

1. ¿En qué forma se ha tergiversado en las iglesias el concepto de "mundo"?
2. Según el autor, ¿cuál es el correcto enfoque de la Biblia sobre el mundo-sistema?
3. ¿Cómo describe San pablo (por ejemplo en Gálatas 1.4) al mundo como sistema?
4. ¿En qué forma el mundo-cultura afecta y condiciona nuestras vidas?
5. Alguien dijo: "La cultura de un pueblo que es evangelizado por misioneros debe ser modificada hasta que llegue a ser igual a la cultura del país misionero." Sobre la base de lo leído en este capítulo, ¿qué opina sobre esta afirmación?
6. Jesucristo es Señor del mundo-creación. ¿Qué actitudes menciona el autor que debemos tener hacia la creación? Haga una lista de prácticas que las iglesias podrían realizar en bien de una ecología sustentable

## Capítulo 9

## *Jesucristo: Señor de la fe*

> *El "objeto" de la fe, la res [cosa] objetiva y subjetivizada en la fe, es Jesucristo, en quien Dios ha llevado a cabo la reconciliación del mundo, de todos los hombres con consigo mismo el viviente Jesucristo...*
>
> **Karl Barth**
>
> *La fe tiene un contenido cognoscitivo y es un acto de la voluntad. Es la unión de todos los elementos en el ser personal.*
>
> **Paul Tillich**

### Introducción

"Aprenderé cómo aprovechar el poder de la fe." Este es el título de un artículo publicado en una revista semanal argentina. ¿Es un texto teológico? ¿Es una referencia a la fe en Cristo? De ninguna manera, pero sí muestra claramente la importancia de la fe. Dice en uno de sus párrafos:

> El último poder al que haremos referencia es el de la fe, término que tiene varios significados. Para la *Real Academia Española "en la religión católica, es la primera de las tres virtudes teologales, asentimiento a la revelación de Dios, propuesta por la Iglesia;* aunque también la define como *"confianza,*

*buen concepto que se tiene de alguien o de algo. Tener fe en el médico, por ejemplo."* Usted... ¿dónde deposita su fe?[101]

Al leer el texto, sin saber su contexto y de dónde procede, podría hacernos pensar en que se trata de una predicación o una referencia teológica. Sin embargo, no es así. Fue escrito por el doctor Alberto Cormillot, destacado nutricionista argentino. Lo hemos consignado porque, precisamente, destaca la importancia de la fe y hasta nos pregunta en quien depositamos nuestra fe.

Otra referencia a la fe que podemos consignar es la del filósofo judío-argelino Jacques Derrida. En una exposición ofrecida en Estados Unidos, el autor de la hermenéutica de la "deconstrucción" comenta:

No puedo dirigirme al otro, hablarle al otro, sin un acto de fe, sin dar testimonio. ¿Qué hace cuando atestigua a algo? Se dirige al otro y le pide: "créeme". [...] Este "confía en mí, te estoy hablando" del orden de la fe, una fe que no puede reducirse a una declaración teórica, a un juicio determinativo; es la apertura del discurso al otro. Por lo cual esta fe no es religiosa, en el estricto sentido de la palabra: al menos no la puede determinar por completo una religión dada. Esa es la razón por la cual esta fe es absolutamente universal.[102]

---

[101] Alberto Cormillot, "Aprenderé cómo aprovechar el poder de la fe", *Fascículo Nro. 62,* p. 733. Suplemento diario La Nación, 29 de noviembre de 2014. Cursivas originales.

[102] Jacques Derrida y John Caputo, *La deconstrucción en una cáscara de nuez,* trad., Gabriel Merlino, Buenos Aires: Prometeo Libros, 2009, p. 33. La deconstrucción no es, como algunos críticos han sostenido, una propuesta a que "todo vale" en la interpretación de los textos. Son que, como lo explica John Caputo, "es la afirmación infinita, sin fondo, de lo que está absolutamente en construcción." *Ibid.,* p. 55. El libro recoge la conferencia que Jacques Derrida ofreció en la Universidad de Villanova, Estados Unidos, el 2 de octubre de 1994. Caputo es profesor de filosofía de Syracuse University, Estados Unidos y ha hecho aportes significativos a temas teológicos. Algunos de sus libros son: *The Mystical*

Estos dos ejemplos son elocuentes en cuanto a mostrar la importancia de la fe en la vida humana. Ejercemos la fe mucho más de lo que admitimos. Se trata de una virtud que pertenece, en su esencia, a la naturaleza humana. Pero ¿es esta fe de la misma clase que la fe en Jesucristo? ¿En qué sentido podemos afirmar que Jesucristo es Señor de la fe? ¿El propio Jesús de Nazaret ejerció la fe? ¿Necesito de la fe? Estas son las preguntas que guían nuestra pesquisa.

## Proclamar a Jesucristo como Señor de la fe implica que Él es el objeto en quien creemos y también el modelo del sujeto creyente

### 1. Jesucristo como objeto de la fe

Si hay una palabra que designa del modo más categórico la experiencia cristiana es la fe. "Sin fe es imposible agradar a Dios." (Hebreos 11.6 RV). De modo que todo comienza y termina en la fe. El teólogo reformado Karl Barth en el volumen IV, parte 1 de su *Church Dogmatics* reflexiona sobre la fe y su objeto. Afirma que la fe es una actividad humana que no se puede comparar con cualquier otra en espontaneidad y libertad. Pero la fe no se da en un vacío sino que nos remite a un objeto. Explica:

> El "objeto" de la fe, la *res* [cosa] objetiva y subjetivizada en la fe, es Jesucristo, en quien Dios ha llevado a cabo la reconciliación del mundo, de todos los hombres con consigo mismo el viviente Jesucristo mismo, en quien esto ocurre, este cumplimiento, esta restauración del pacto entre

---

*Element in Heidegger's Thought, Radical Hermeneutics* y *The Weakness of God*. Para una exposición crítica de la propuesta de John D. Caputo véase Alberto F. Roldán, *Hermenéutica y signos de los tiempos,* Buenos Aires: Teología y Cultura Ediciones, 2016.

> Dios y el hombre [...] Él, el viviente Jesucristo, es el círculo que incluye a todos los hombres y a cada hombre [...][103]

Barth se refiere al "objeto" de la fe, escribiéndolo de ese modo, con comillas. Lo hace porque ese objeto es, sobre todo, una persona histórica, un sujeto. Pero cuando el ser humano cree en Jesucristo, de alguna manera subjetiviza su fe. De todos modos, queda claro de forma nítida que la fe no es simplemente "creer en algo" no importa en qué, como dice mucha gente hoy. Se trata de direccionar adecuadamente la fe. Como el propio Jesús dijo: "Creéis en Dios, creed también en mi" (Jn. 14.1). Es en Jesucristo en quien Dios ha reconciliado al mundo consigo mismo (2 Co. 5). Se trata de la restauración del pacto quebrado por el pecado humano. Es la fe en el Cristo viviente, en el Cristo resucitado. Precisamente sobre la relación entre la fe y el Cristo resucitado nos conduce a otra reflexión sobre la fe.

En este caso, nos encontramos con el pensamiento de Gerald Ebeling. Teólogo luterano, Ebeling ofreció un curso durante el semestre de invierno de 1958-59 en la Universidad de Zurich sobre la esencia de la fe. En el mismo, abordó el tema de la fe desde distintas ópticas. Entre otras: la esencia, la historia, el testigo y el fundamento de la fe. Es a este último aspecto al que hacemos referencia ahora. La pregunta de Ebeling es: ¿cómo Jesús, que fue el testigo de la fe, se convirtió en el fundamento de ella? Luego de muchas disquisiciones en cuanto a la naturaleza de la resurrección de Jesús, llega al siguiente concepto medular:

> ¿Qué quiere decir "creer en Jesús"? Quiere decir dejarle ser en cuanto testigo de la fe fundamento de la misma y, por consiguiente, confiarse en él y en su camino; participar de él y de su camino y de esta manera

---

[103] Karl Barth, *Church Dogmatics,* vol. IV.1, trad. G. W. Bromiley, Edinburgo: T. & T. Clark, 1956, pp. 742-743. Cursivas originales.

participar de aquello en que se prometió participar en la fe, es decir, en la omnipotencia de Dios. Ante el Crucificado, *este* Crucificado, y creer precisamente este testimonio de fe suyo que se cumplió muriendo, quiere decir, *eo ipso* [por este hecho]: reconocer el poder de Dios que resucita a los muertos. Creer en Jesús y creer en él en cuanto Resucitado es una misma cosa. Pero uno no puede alegrarse de la Resurrección de Jesús si no reconoce que ahora la cruz de Jesús tenía que convertirse en el contenido central del mensaje de la fe.[104]

La relación entre la fe y el Resucitado está demostrada tanto en los evangelios como en las cartas del Nuevo Testamento. Por ejemplo, en el evangelio de Juan, se relata el encuentro de Jesús resucitado con Tomás. Este discípulo dudaba de la resurrección del Maestro. Exigía ver las heridas de sus manos y su costado para poder creer. O sea, aplicaba el famoso adagio: "ver para creer". El relato dice que mientras los discípulos tenían las puertas cerradas, Jesús apareció en medio de ellos:

"-¡Paz a ustedes!

Luego dijo a Tomás:

-Mete aquí tu dedo, y mira mis manos; y trae tu mano y métela en mi costado.

No seas incrédulo; ¡cree!

Tomás entonces exclamó:

-¡Mi Señor y mi Dios!

Jesús le dijo:

---

[104] Gerhard Ebeling, *La esencia de la fe cristiana,* trad. Carlos de la Sierra, Madrid: Fontanella-Marova, 1974, pp. 81-82. Cursivas originales.

-¿Crees porque me has visto? ¡Dichosos los que creen sin haber visto!"[105]

Tomás quería pruebas empíricas de la resurrección de Jesús. No se contentaba con el testimonio de los apóstoles. Quería verificaciones fácticas del hecho. Por eso insistió en tomar contacto directo con Jesús. Y Jesús accedió. Pero luego sentenció que lo importante era creer sin ver. Que cuando planteamos "ver para creer" estamos alterando la dinámica del Evangelio: Jesús nos insta a creer en él a partir del testimonio y no desde una experimentación científica o empírica.

El apóstol Pablo también coincide con esta perspectiva destacando permanentemente la importancia de la fe. Su gran declaración, que luego se transforma en una amplia exposición es que "el justo por la fe vivirá" (Ro. 1.17 RV). Declaración que, recordamos, fue el punto de inicio de la Reforma Protestante, dado que a partir de ese texto Martín Lutero entiende que la justificación del pecador no depende las obras sino puramente de la fe. Se trata de la justicia de Dios que se obtiene por la fe. Dice el apóstol: "Pero ahora, aparte de la ley, se ha manifestado la justicia de Dios, testificada por la ley y por los profetas; la justicia de Dios por medio de la fe en Jesucristo, para todos los que creen en él." (Ro. 3.21.22 RV). En 2 Corintios 4 y 5 describe lo que es vivir por la fe y conecta la fe con dos dimensiones: el hablar (dar testimonio) y la firmeza en medio de las luchas. Reconoce estar angustiado, perseguido, desamparado, derribado, es decir, atravesando "situaciones límite" (2 Co. 4.7-12) a pesar de las cuales no se da por vencido. ¿Por qué? Explica: "Pero teniendo el mismo espíritu de fe, conforme a lo que está escrito: 'Creí, por lo cual hablé, nosotros también creemos, por lo cual también hablamos, sabiendo que el que resucitó al Señor Jesús, a nosotros también nos resucitará con Jesús y nos presentará juntamente con vosotros." (2 Co. 4.13-14 RV). El espíritu de fe le permite a Pablo sobreponerse a las circunstancias y hablar. Primero es la experiencia de fe, luego el testimonio de la fe. Pero notemos

---

[105] Juan 20.26-29

que esa experiencia de fe está conectada a la resurrección de Jesús que es un hecho "proléptico",[106] en el sentido de que es una anticipación de nuestra resurrección futura. La primera conexión de la fe se manifiesta en el testimonio: "Creí, por tanto hablé." La segunda, se vincula a la vida de fe: "Así que vivimos confiados siempre, y sabiendo que entre tanto que estamos en el cuerpo, estamos ausentes del Señor (porque por fe andamos, no por vista)" (2 Co. 5.6-7 RV). Andar por la vista sería vivir según lo que se ve, según las circunstancias. Vivir por la fe es mantenerse enhiesto en medio de esas circunstancias. La fe se apega a las promesas de Dios y se materializa en perseverancia.

Por su parte el apóstol Pedro vincula la resurrección de Jesús a la esperanza. Dice: "Alabemos al Dios y Padre de nuestro Señor Jesucristo, que por su gran misericordia nos ha hecho nacer de nuevo por la resurrección de Jesucristo. Esto nos da una esperanza viva…" (1 P. 1.3).

Hasta aquí, hemos expuesto lo que significa Jesucristo como objeto y fundamento de la fe. Pero ahora queremos plantearnos a Jesucristo como sujeto de la fe.

## 2. Jesucristo como sujeto de la fe

¿Tenía fe Jesús de Nazaret? ¿Ejercía fe en Dios? ¿Necesitaba de la fe? En síntesis: ¿Jesús era creyente? Se trata de un planteo que no es frecuente. De hecho, pocos teólogos y teólogas se han preguntado por esta cuestión. Uno de los pocos es Jon Sobrino, teólogo vasco radicado en El Salvador. En su notable obra *Jesucristo liberador,* Sobrino reflexiona ampliamente sobre el tema. Parte de la premisa de que la fe es la absoluta y radical disponibilidad a Dios por lo que, citando a Leonardo Boff se puede afirmar que "Jesús fue un extraordinario creyente y tuvo

---

[106] Del griego *prolepsis,* anticipación.

fe. La fe fue el modo de existir de Jesús."[107] Dado que la fe es una dimensión plenamente humana, negarla en el caso de Jesús sería una forma de docetismo.[108] Sobrino critica el punto de vista de Santo Tomás que argumentaba que dado que el objeto de la fe es la esencia divina en Cristo no pudo tener fe.[109]

La argumentación de Sobrino va luego a los fundamentos neotestamentarios del tema. Citamos aquí solo dos textos: el primero, del evangelio de Marcos donde se narra el hecho del muchacho endemoniado que es traído a Jesús por su padre quien le dije al Maestro: "si puedes hacer algo, ten compasión de nosotros y ayúdanos. Jesús le dijo: -¿Cómo que 'si puedes'? ¡Todo es posible para el que cree!" (Mr. 9.22-23). Comenta Sobrino: "En este pasaje 'el que cree' no es otro que el mismo Jesús, el que, en efecto, realiza el milagro en base a su fe, lo cual se ve confirmado por el v. 29, 'esta clase de demonios, con nada puede ser arrojada sino por la oración'; oración que los exegetas adecúan con la fe."[110] El otro pasaje al que apela Sobrino para su argumentación es Romanos 3. Efectivamente, aparece allí por dos veces la expresión "fe de Jesús" (vv. 21 y 26). La versión Reina Valera traduce literalmente el versículo 26 cuando reza: "con la mira de manifestar en este tiempo su justicia, a fin de que él sea el justo, y el que justifica al que es de la fe *de* Jesús."[111] Si bien admite que la expresión se puede traducir tanto "fe *en* Jesús" como "fe de Jesús", se inclina por la segunda

---

[107] Leonardo Boff, *Jesucristo y la liberación del hombre,* p. 137, cit. por Jon Sobrino, *Jesucristo liberador,* San Salvador: UCA editores, 1991, p. 265

[108] Palabra que hace referencia a la herejía que negaba la plena humanidad de Jesús. Procede del término griego *dokein* = parecer y contra la cual Juan escribe su evangelio en el cual declara en forma enfática y contundente: "el Verbo fue hecho carne" (1.14 RV).

[109] *Suma Teológica III q 7 a 3,* cit. en *Ibid.*, p. 266

[110] *Ibid.*, p. 268

[111] Lit. *ek písteoos 'Iesou.*

alternativa. Cita a W. Thüsing que explica: "lo que está en Dios se revela a través de Jesús lleva a cabo esa revelación precisamente en que él 'cree', es decir, es radical y confiadamente obediente."[112]

En síntesis: Jesús de Nazaret es, indiscutiblemente, el primer creyente. Su plena dimensión humana le exigió tener fe en Dios y en sus promesas. Por eso su vida fue una vida de fe en la palabra de Dios, como cuando se enfrentó al diablo en el desierto (Lc. 4). Por eso, el autor de la carta a los Hebreos nos insta: "Fijemos nuestra mirada en Jesús, pues de él procede nuestra fe y él es quien la perfecciona." (12.2).

### 3. El desafío de la fe

A todo esto, ¿qué es la fe? ¿Qué es la fe como experiencia? ¿Qué dimensiones entran en juego cuando alguien cree en Jesucristo? En su breve pero sustancioso texto *Dinámica de la fe,* el teólogo y filósofo Paul Tillich aborda el tema mostrando que prácticamente todas las dimensiones humanas participan del acto de fe. "La fe tiene un contenido cognoscitivo y es una acto de la voluntad. Es la unión de todos los elementos en el ser personal."[113] En el acto de fe puede estar presente el elemento emocional pero no es la emoción la que produce la fe. Ella es un acto plenamente personal y se realiza a partir de la libertad humana. No hay fe sin que la persona ejerza su libertad para creer.

Otro aspecto a considerar es la relación entre la razón y la fe. Se trata de un tema de vastos alcances que no es posible resolver en el acotado espacio de este texto. Pero podemos decir que si bien, como dice Tillich, lo cognoscitivo está

---

[112] K. Rahner y W. Thüsing, *Cristología, estudio teológico y exegético,* p. 220, cit. en *Ibid.*, p. 269

[113] Paul Tillich, *Dinámica de la fe,* trad. María Teresa La Valle, Buenos Aires: La Aurora, 1976, p. 14

presente en el acto de fe, no se reduce solo a ello, incluye la pasión y la decisión. Para ello, nada mejor que tomar en cuenta el pensamiento de Sören Kierkegaard. El pensador danés, considerado el padre del existencialismo, reflexiona con profundidad sobre la fe tomando a Abraham como el modelo supremo de la fe. Dice que Abraham: "Creyó en virtud del absurdo, pues no había lugar para humanas conjeturas, y era absurdo pensar que si Dios le exigía semejante acto, pudiera, momentos después, volverse atrás."[114] Por eso, para Kierkegaard, lejos de ser el resultado de un análisis o de una reflexión o de una teoría, la fe es una pasión. Dice a modo de conclusión de su argumento: "La fe es un milagro del que, sin embargo, nadie está excluido, pues toda la existencia humana encuentra su unidad en la pasión, y la fe es una pasión."[115]

Por su parte, el teólogo Rudolf Bultmann también destaca la importancia de la fe en tanto decisión que exige la renuncia del ser humano a su propia capacidad. Como hemos explicado de un modo más sistemático en un artículo[116] el verdadero interés de Bultmann radicó en hacer accesible el mensaje del Nuevo Testamento (*kerigma*) al hombre moderno. Decimos "verdadero interés" -porque hay lectores de Bultmann y muchos que no son lectores pero rechazan su propuesta sin haberlo leído- que se sienten espantados por el método que Bultmann propone: la desmitologización. Lo que Bultmann advierte es que el mensaje del Nuevo Testamento, como no podría ser de otro modo, está envuelto en un lenguaje precientífico. Ese lenguaje es un "falso escándalo" para que el

---

[114] Sören Kierkegaard, *Temor y temblor,* trad. Vicente Simón Merchán, Barcelona: Altaya, 1994, p. 28.

[115] *Ibid.*, p. 56

[116] Véase Alberto F. Roldán, "La fe como evento existencial-escatológico en el pensamiento de Rudolf Bultmann. De la filosofía de Martín Heidegger al planteo teológico", *Franciscanum. Revista de las ciencias del espíritu,* Bogotá: Universidad de San Buenaventura, Vol. LV, Nro. 160, julio-diciembre de 2013, pp. 165-194

hombre moderno crea porque, el verdadero escándalo es la cruz de Cristo. Más allá de si estamos de acuerdo o no con el método que propone, lo claro en Bultmann es que el ser humano de la era moderna tiene que ser confrontado con la cruz de Cristo porque fuera de Cristo solo reina la desesperación total. Por eso la fe un evento, un acontecimiento de carácter escatológico pero que surge cuando el ser humano de hoy es confrontado con el mensaje de la cruz de Cristo. Por eso la fe es evento escatológico y es obediencia total que exige superar el orgullo. Explica el teólogo luterano:

> La fe es obediencia porque en ella es quebrantado el orgullo del hombre. Lo que es propiamente evidente le resulta al hombre lo más difícil por su orgullo. No quiere arrojar la carga bajo la cual gime; se ha convertido para él en parte de su yo; más aún, en su mismo yo. Piensa que se pierde si renuncia a sí mismo; si renuncia lo que ha hecho de sí mismo. Sin embargo, debe perderse, porque solo así puede encontrarse realmente. Debe doblegarse, humillarse, despedirse de su orgullo, para llegar a sí mismo.[117]

### 4. ¿Qué significa el señorío de Jesucristo en cuanto a la fe?

Significa que Jesucristo es el centro y el fundamento de la fe. La fe debe ser dirigida a la persona de Jesús resucitado. Es su victoria sobre la cruz y sobre la muerte que hacen de él, Señor de la fe. Significa, también, que Jesucristo es el modelo de fe para el creyente. Es quien inicia la fe (autor) y quien la perfecciona (consumador). Su vida de fe se patentiza en la obediencia absoluta a la voluntad del Padre ya que su comida y su bebida consistían en hacer la voluntad del que lo envió. (Juan 4.34).

---

[117] Rudolf Bultmann, "Gracia y libertad" en *Creer y comprender,* vol. II, trad. D. Eloy Requena: Madrid: Stvdivm, 1973, p. 131, cit. en *Ibid.*, pp. 180-181

Por otra parte, el señorío de Jesucristo sobre la fe implica que la fe en él es la que nos da la victoria sobre el mundo. El apóstol Juan dice: "porque todo el que es hijo de Dios vence al mundo. Y nuestra fe nos ha dado la victoria sobre el mundo. El que cree que Jesús es el Hijo de Dios, vence al mundo."[118] El mundo, entendido como "sistema-opuesto-a-Dios", la superestructura que se ha erigido sobre el mundo-creación, es opuesto al Reino de Dios y la única manera de vencerlo es por la fe en Jesucristo, Señor del sistema. Esta es la libertad que se logra mediante la fe. Como explica Friedrich Gogarten:

> Lo primero y al mismo tiempo lo más importante que, sobre la relación entre fe y mundo, hay que afirmar es la libertad que el hombre gracias a la fe posee respecto al mundo. Esta libertad es algo esencial a la fe. Sin la libertad no es posible la fe; sin ella, la fe no sería fe ni el conocimiento de Dios que ella es.[119]

## Conclusión:

Hemos visto que Jesucristo es tanto el objeto de nuestra fe como el modelo de fe que debemos imitar. No se trata de una fe "en el aire", sin fundamento, sino que por el contrario, es una fe basada en la persona histórica de Jesucristo. Por eso, nada mejor que concluir nuestra reflexión sobre la fe de Jesús, con la poesía escrita por Lidie H. Edmuns y que denota cierta lucha contra el racionalismo ya que la fe en Cristo no necesita ningún argumento adicional:

*Mi fe descansa en buen lugar*
*No en una religión*
*Confío en el viviente Rey*

---

[118] 1 Juan 5.4, 5

[119] Friedrich Gogarten, *Destino y esperanzas del mundo moderno,* trad. Carlos de la Sierra, Madrid: Marova-Fontanella, 1971, p. 20

*Pues él murió por mí*
*Y no preciso discutir*
*Ni un argumento más*
*Me basta que Cristo murió*
*Y que él murió por mí.*

*Su voz me da seguridad*
*En su Palabra fiel*
*Mi fe descansa en buen lugar*
*En Cristo mi Señor*
*Y no preciso discutir*
*Ni un argumento más*
*Me basta que Cristo murió*
*Y que él murió por mí.*

## Preguntas para reflexión y estudio

1. ¿Qué diferencia hay entre Jesús como objeto de la fe y Jesús como sujeto de la fe?
2. ¿Por qué Jesús necesitó ejercer la fe?
3. Indicar dos momentos en la vida de Jesús cuando ejerció la fe.
4. ¿Nuestra fe como actitud se da en una experiencia carente de toda duda o se da mezclada con ella?
5. ¿Qué sería una duda existencial y una duda enfermiza?
6. ¿Cómo podemos aumentar nuestra fe?

# CONCLUSIÓN

A lo largo de este trayecto —como si fuera un viaje- hemos transitado varias estaciones. Comenzamos planteando la importancia de Jesús como Señor, tanto en los evangelios como en las epístolas del Nuevo Testamento y el Apocalipsis. Mostramos de qué modo se originó el título de Jesús como Señor (*kyrios*). Surgió como respuesta de los cristianos a la formulación política del César romano como *kyrios*. Por esa razón, millones de discípulos de Jesús entregaron sus vidas como mártires. La palabra *mártir,* dicho sea de paso, originalmente significaba dar testimonio. Con el correr del tiempo y los millones que fueron matados por el Imperio romano, se transformó en quien da su vida por ese testimonio.

Precisamente, el primer ámbito o esfera del señorío de Jesucristo es el político. Los apóstoles no dudan en proclamar que hay un solo Señor, Jesucristo y sólo a él debemos adhesión total. Cualquier otra obediencia a autoridades terrenas siempre debe ser analizada con cuidado y, a veces, como hiciéramos los apóstoles, nos lleva a la desobediencia pues es necesario obedecer a Dios antes que a los hombres (Hechos 4.19). Si bien el cristiano debe obedecer al Estado —según lo plantea incipientemente San Pablo (Romanos 13), siempre la obediencia debe ser inteligente y nunca debe oponerse al Reino de Dios y su justicia. Los hijos e hijas de Dios deben discernir las formas abiertas o embozadas del imperialismo en cualquiera de sus formas y proclamar que solo Jesucristo es el Señor de la vida política.

En el tercer capítulo, hemos expuesto que Jesucristo es Señor de la salvación, entendiendo por ella mucho más que un mero "llenar una tarjeta de decisión" sino que implica fe, seguimiento de Jesús y vida de obediencia a él. Nos vimos en la necesidad de aclarar que ser salvos por el señorío de Jesucristo no significa acumular méritos para alcanzar esa salvación porque siempre es una gracia de Dios y un don inmerecido en Jesucristo. Existe siempre el peligro latente de exponer la santificación como un esfuerzo meramente humano tendiente a obtener la justificación por la fe en Cristo y asegurarla luego mediante las obras en una rara mixtura entre gracia y obras. Por supuesto, las obras tienen su lugar como lo tiene la santificación pero no como una acumulación de obras meritorias sino como gratitud a quien nos ha salvado por pura gracia.

En el capítulo cuatro abordamos el tema del trabajo como ámbito del señorío de Jesucristo. Esto implica serias e irrenunciables responsabilidades tanto de empleados como de empleadores. En cualquier actividad éticamente digna servimos a Jesucristo, pero eso no implica que los empleados u obreros no cumplan fielmente con sus responsabilidades, como tampoco exonera a los patrones del pago de salarios dignos y a tiempo. Contra la injusticia social de los ricos opresores hablaron los profetas de Israel y apóstoles como Santiago. Además, como bien sentenció el propio Jesús: "el obrero es digno de su salario." Las iglesias y las instituciones cristianas que no pagan los salarios u honorarios dignos a sus empleados, mal pueden luego predicar el Reino de Dios y su justicia.

El capítulo cinco está destinado al siempre vidrioso tema de la sexualidad. Debemos reivindicarla como un don de Dios a la humanidad creada a su imagen. El Antiguo Testamento consagra un libro al placer sexual –Cantar de los Cantares- mal que pese a quienes de una aparente "superespiritualidad" interpretan ese texto como una exposición de las relaciones entre Cristo y la Iglesia. Hemos reflexionado sobre el señorío de Cristo en la vida del soltero y del casado, mostrando que, más allá de condicionamientos culturales y legales, lo importante radica en relaciones responsables e inspiradas en el amor.

El capítulo seis de alguna manera es la continuación del anterior, sólo que ahora está abocado al tema del señorío de Cristo en la familia, cuya conclusión siempre debe concretarse en una vida de amor y servicio entre los miembros de la familia. Debe evitarse toda violencia familiar, en modo especial la ejercida hacia la mujer, abonada por un machismo propio de nuestra cultura que pretende una superioridad del varón sobre la mujer.

El capítulo siete aborda el tema de Jesucristo como Señor de la Iglesia. Ese señorío implica las relaciones trinitarias entre el Padre, el Hijo y el Espíritu Santo. Esas relaciones deben patentizarse en la Iglesia como comunidad obediente. El intento en ese capítulo fue mostrar que la Iglesia no es un ideal sino más bien una realidad terrena, "mundana" en la osada expresión de Dietrich Bonhoeffer.

En el capítulo ocho reflexionamos sobre Jesucristo como Señor del cosmos. Criticamos la tendencia "evangélica" de considerar al "mundo" siempre como lo diabólico y tenebroso, olvidando que "de tal manera amó Dios al mundo que ha dado a su Hijo unigénito" (Juan 3.16) y que Dios en Cristo estaba reconciliando al mundo consigo mismo (2 Corintios 5.19). Debemos superar la unívoca referencia al mundo como sistema diabólico, hacia nociones positivas como el mundo en tanto humanidad, cultura y cosmos. Hoy por hoy, la misión cristiana debe extenderse al cuidado de la creación ya que somos puestos por el Dios creador como mayordomos de la tierra. En este ámbito también debe reflejarse el señorío de Jesucristo.

Finalmente, en esta nueva edición del libro nos hemos animado a plantear —en el capítulo nueve- que Jesucristo también es Señor de la fe. Como plenamente humano, Jesús ejerció fe en Dios y en sus promesas, por lo cual somos invitados a tener "la fe de Jesús" ya que él es el iniciador y perfeccionador de la fe.

Al término de estas reflexiones sobre el señorío de Jesucristo, sólo nos cabe unirnos a la doxología paulina:

*¡Profundidad de las riquezas, de la sabiduría y del conocimiento de Dios!*

*¡Cuán insondables son sus juicios*

*e inescrutables sus caminos!*

*Porque, ¿quién entendió la mente del Señor?*

*¿Quién fue su consejero?*

*¿Quién le dio a él primero, para que le fuera recompensado?,*

*Porque de él, por él y para él son todas las cosas.*

*A él sea la gloria por los siglos. Amén.*[120]

---

[120] Romanos 11.33-36 RV 1995

# *BIBLIOGRAFÍA*

AGAMBEN, Giorgio. *El Reino y la gloria. Una genealogía teológica de la economía y del gobierno, Homo sacer* II.2, trad. Flavia Costa; Edgardo Castro; Mercedes Ruvituso, Buenos Aires: Laura Hidalgo editora, 2008

AGAMBEN, Giorgio. *Homo Sacer I, El poder soberano y la nuda vida,* trad. Antonio Gimeno Cuspinera, Madrid: Biblioteca Nacional, 2002

AGAMBEN, Giorgio Agamben, *Pilato y Jesús,* trad. María Teresa D'Meza, Buenos Aires: Adriana Hidalgo Editora, 2014

ANDIÑACH, Pablo. *Cantar de los cantares. El fuego y la ternura,* Buenos Aires: Lumen, 1997

BÁEZ CAMARGO, Gonzalo. *Espíritu y Mensaje del Metodismo Wesleyano*, México: Jákez, 1962.

BARCLAY, William. *Apocalípsis*, trad. Marcelo Pérez Rivas, Buenos Aires: La Aurora, 1975.

BARCLAY, William. *Lucas*, trad. Dafne Sabanes de Plou, Buenos Aires: La Aurora, 1972.

BARCLAY, William. *Mateo II*, trad. María Teresa La Valle, Buenos Aires: La Aurora, 1973.

BARCLAY, William. *Santiago, I y II Pedro*, trad. Ernesto Suárez Vilela, Buenos Aires: La Aurora, 1974

BARTH, Karl. *Church Dogmatics,* vol. IV.1, trad. G. W. Bromiley, Edinburgo: T. & T. Clark, 1956

BARTH, Karl. *The Epistle to the Romans*, trad. Edwyn C. Hoskyns, New York: Oxford University Press, 1968.

BOFF, Leonardo. *El Padrenuestro*, Buenos Aires: Paulinas, 1985.

BOFF, Leonardo. *La trinidad, la sociedad y la liberación*, trad. Alfonso Ortíz García, Buenos Aires: Paulinas, 1988.

BONHOEFFER, Dietrich. *Creer y vivir,* trad. Miguel A. Carrasco, Ana M. Agud y C. Vigil, Salamanca: Sígueme, 1974,

BONHOEFFER, Dietrich. *El precio de la gracia*, 2da. Edición, trad. José L. Sicre, Salamanca: Sígueme, 1968.

BONHOEFFER, Dietrich. *Ética*, trad. V. Bazterrica, Barcelona: Estela, 1967.

BONHOEFFER, Dietrich. *Redimidos para lo humano*, trad. José J. Alemany, Salamanca: Sígueme, 1979.

BONHOEFFER, Dietrich. *Resistencia y sumisión. Cartas y apuntes desde el cautiverio*, trad. José L. Alemany, Salamanca: Sígueme, 1983.

BORGES, Jorge Luis. "Juan 1,14" en *El otro, el mismo, Obras completas,* 20 edición, Buenos Aires: Emecé editores, 1994

BRAATEN, Carl E. & Robert W. Jenson, (editores), *Dogmática Cristã,* trad. Gerrit Delftra, Luís H. Dreher, Geraldo Korndörfer y Luís M. Sander, São Leopoldo: Sinodal, 1990

BULTMANN, Rudolf. "Gracia y libertad" en *Creer y comprender,* vol. II, trad. D. Eloy Requena: Madrid: Stvdivm, 1973

BULTMANN, Rudolf. *Nuevo Testamento y mitología*, trad. Antonio Bonnano, Buenos Aires: Almagesto, 1988,

CALVINO, Juan. *La Epístola del apóstol Pablo a los Romanos*, trad. Claudio Gutiérrez Marín, México: Publicaciones de la Fuente, 1961.

CÁMARA, Helder. *En tus manos Señor*, trad. Olivio Lazzarin Dante, Buenos Aires: Ediciones Paulinas, 1987.

CÁMARA, Helder. *En tus manos Señor*, trad. Olivo Lazzarin Dante, Buenos Aires: Paulinas, 1987.

CASALDÁLIGA, Pedro. "El Evangelio contra una economía sin sociedad", *Revista Reflexión y liberación*, año VII, Nro. 24. Santiago de Chile: Enero-febrero 1995.

CASALIS, Georges. *Retrato de Karl Barth,* trad. Franklin Albricias, Buenos Aires: Methopress, 1966

CASULO, Nicolás, compilador. *El debate modernidad-posmodernidad*, 3ra. Edición, Buenos Aires: Puntosur, 1991.

CORMILLOT, Alberto. "Aprenderé cómo aprovechar el poder de la fe", *Fascículo Nro. 62*, p. 733. Suplemento diario La Nación, 29 de noviembre de 2014

CORNU, Daniel. *Karl Barth. Teólogo da liberdade,* trad. Carlos Nelson Coutinho, Río de Janeiro: Paz e Terra, 1971

COSTAS, Orlando. "La realidad de la Iglesia Evangélica Latinoamericana", en C. René Padilla, editor, *Fe cristiana y Latinoamérica hoy*, Buenos Aires: Certeza, 1974.

COX, Harvey. *No lo dejéis a la serpiente,* trad. José Luis Lana, Barcelona: Ediciones Península, 1969

CRANFIELD, C. E. *Romans. The International Critial Commentary*, vol. I, Edimburgo: T & T. Clark, 1975.

CULLMANN, Oscar. *Cristología del Nuevo Testamento*, trad. Carlos Gattinoni, Buenos Aires: Methopress, 1965.

DAVIES, William D. *Aproximación al Nuevo Testamento*, trad. J. Valiente Malla, Madrid: Cristiandad, 1979.

DAVIES, William D. *El sermón de la Montaña*, trad. A. de la Fuente Adanez, Madrid: Cristiandad, 1975.

DEIROS, Pablo A. editor. *Los evangélicos y el poder político en América Latina*, Buenos Aires: Nueva Creación, 1986.

DERRIDA, Jacques y John Caputo, *La deconstrucción en una cáscara de nuez,* trad., Gabriel Merlino, Buenos Aires: Prometeo Libros, 2009, p. 33

EBELING, Gerhard. *La esencia de la fe cristiana,* trad. Carlos de la Sierra, Madrid: Fontanella-Marova, 1974,

ESCOBAR, Samuel. *Diálogo entre Cristo y Marx y otros ensayos*, Lima: publicaciones AGEUP, 2da. edición, 1969.

FITZMYER, Joseph A. *Comentario Bíblico "San Jerónimo", Nuevo Testamento,* tomo III, trad. Alfonso de la Fuente Adanez, Jesús Valiente Malla y Juan José del Moral, Madrid: Cristiandad, 1972.

FROMM, Erich. *El arte de amar*, Buenos Aires: Paidós, 1961.

FULLER, Reginald H. *Fundamentos de la cristología neotestamentaria*, trad. J. José del Moral, Madrid: Cristiandad, 1979.

GALILEA, Segundo. *Religiosidad popular y pastoral*, Madrid: Cristiandad, 1979.

GEORGE, Timothy. *Theology of the Reformers*, Nashville: Broadman Press, 1988.

GIBBON, Edward. *Decadencia y caída del Imperio Romano,* trad. José Mor Fuentes, Buenos Aires: Terramar ediciones, 2009

GOGARTEN, Friedrich. *Destino y esperanzas del mundo moderno,* trad. Carlos de la Sierra, Madrid: Marova-Fontanella

GONZÁLEZ, Justo L. *Jesucristo es el Señor*, Miami: editorial Caribe, 1971.

GUTIÉRREZ MARÍN, Claudio. *Fe y acción*, Madrid: Irmayol, 1965.

GUTIÉRREZ, Gustavo. *Evangelización y opción por los pobres*, Buenos Aires: Paulinas, 1987.

HIMITIÁN, Jorge. *Jesucristo el Señor*, Buenos Aires: Logos, 1984.

HOLLIS, Harry, Jr. *Thank God for Sex*, Nashville: Broadman Press, 1975.

HORSLEY, Richard A. *Jesús y el Imperio. El Reino de Dios y el nuevo desorden mundial,* trad. Ricardo López Rosas, Estella (Navarra): Verbo Divino, 2003

KIERKEGAARD, Sören. *Temor y temblor,* trad. Vicente Simón Merchán, Barcelona: Altaya, 1994

KÜNG, Hans. *Teología para la posmodernidad*, trad. Gilberto Canal Marcos, Madrid: Alianza Editorial, 1989.

KUSS, Otto y Johann Michl. *Carta a los hebreos. Cartas católicas. Comentario de Ratisbona*, trad. Florencio Galindo, Barcelona: Herder, 1977.

LEHMANN, Paul. *La ética en el contexto cristiano,* Montevideo: Editorial Alfa, 1968

LUTERO, Martín. *Obras de Martín Lutero,* vol. 10, *Comentario de la carta a los Romanos*, trad. Erich Sexauer, Buenos Aires: La Aurora, 1985.

MANSON, T. W. *Cristo en la teología de Pablo y de Juan*, trad. Alfredo Oltra, Madrid: Cristiandad, 1975.

MARDONES, José María. *Posmodernidad y cristianismo. El desafío del fragmento*, Santander: Sal Terrae, 1988.

MARION, Jean-Luc Marion. *El fenómeno erótico,* trad. Silvio Mattoni, Buenos Aires: Ediciones literales-El Cuenco de Plata, 2005.

MARTÍN VELASCO, Juan. *Ser cristiano en una cultura posmoderna*, Madrid: PPC, 1996.

MARTIN, Ralph P. *Reconciliation. A Study of Paul's Theology,* Atlanta: John Knox Press, 1981

MATEOS, Juan y Juan Barreto. *El Evangelio de Juan*, 2da. Edición, Madrid: Cristiandad, 1982.

MATEOS, Juan. *Cristianos en fiesta*, 2da. Edición, Madrid: Cristiandad, 1975.

McFAGUE, Sallie. *Modelos de Dios. Teología para una era ecológica y nuclear,* trad. Agustín López y María Tabuyo, Santander: Sal Terrae, 1994

McKENZIE, John L. *El Evangelio según San Mateo. Comentario Bíblico "San Jerónimo"*, Tomo I, Nuevo Testamento, trad. Alfonso de la Fuente Adánez, Jesús Valiente Malla y Juan José del Moral, Madrid: Cristiandad, 1972.

MIGLIORE, Daniel L. *Faith seeking understanding*, Grand Rapids: Eerdmans, 1991.

MÍGUEZ BONINO, José. "Fundamentos teológicos de la responsabilidad social de la Iglesia" en Rodolfo Obermüller, *et. al. Responsabilidad social del cristiano,* Montevideo: ISAL, 1964

MÍGUEZ BONINO, José. *La fe en busca de eficacia,* Salamanca: Sígueme, 1977

MILES, Herbert. *Felicidad sexual para el joven y el adolescente*, Miami: Logoi, 1973.

MILLER, Henry. *El coloso de Marusi*, trad. Ramón Gil Novales, Barcelona: Seix Barral, 1957.

MOLTMANN, Jürgen. *El experimento esperanza*, trad. Santiago Vidal García y Rafael Velasco Beteta, Salamanca: Sígueme, 1976

MOLTMANN, Jürgen. *El futuro de la creación*, trad. Jesús Rey Marcos, Salamanca: Sígueme, 1979.

MOLTMANN, Jürgen. *Trinidad y Reino de Dios*, trad. Manual Olasagasti, Salamanca: Sígueme, 1983.

MOTT, Stephen Charles. *Ética bíblica y cambio social,* trad. Miguel A. Mesías, Buenos Aires: Nueva Creación, 1995

MURRAY, John. *The Epistle to the Romans. The New International Commentary on the New Testament*, Grand Rapids: Eerdmans, 1959.

NIEBUHR, H. Richard. *Cristo y al cultura*, trad. José Luis Lana, Barcelona: Península, 1968.

OBERMAN, Heiko A. *The Dawn of the Reformation*, Grand Rapids: Eerdmans, 1992.

OROZCO, José Luis. *De teólogos, pragmáticos y geopolíticos. Aproximación al globalismo norteamericano,* Barcelona: Gedisa, 2001

PADILLA, C. René. *El Evangelio hoy*, Buenos Aires: Certeza, 1974.

PANNENBERG, Wolfhart. *Sytematic Theology,* vol. 2, trad. Geoffrey W. Bromiley, Grand Rapids: Eerdmans, 1994,

QUIJADA, Dorothy F. "Juan Wesley y su ministerio integral", en *Boletín Teológico*, Nro. 46, Buenos Aires: Fraternidad Teológica Latinoamericana, 1992.

RAMM, Bernard. *Them He Glorified*, Grand Rapids: Eerdmans, 1963.

ROLDÁN, Alberto F. *La familia a la que pertenezco*, Miami: LOGOI, 1991.

ROLDÁN, Alberto F. "La fe como evento existencial-escatológico en el pensamiento de Rudolf Bultmann. De la filosofía de Martín Heidegger al planteo teológico", *Franciscanum. Revista de las ciencias del espíritu,* Bogotá: Universidad de San Buenaventura, Vol. LV, Nro. 160, julio-diciembre de 2013

ROLDÁN, Alberto F. *Evangelio y antievangelio*, México: Kyrios, 1993

ROLDÁN, Alberto F. *Hermenéutica y signos de los tiempos,* Buenos Aires: Teología y Cultura Ediciones, 2016

ROLDÁN, Alberto F. *La ética cristiana en un mundo en cambio*, Buenos Aires: FADEAC, 1997.

ROLDÁN, Alberto F. "La ética social y política en Juan Calvino. Algunos desafíos para América Latina", *Teología y cultura*, año 6, vol. 11 (2009), pp. 33-44.

ROLDÁN, F. "La *kénosis* de Dios en el pensamiento de Gianni Vattimo. Hermenéutica después de la cristiandad", *Cuadernos de teología,* vol. XXIII, Buenos Aires. Instituto Universitario Isedet, Buenos Aires, 2004, pp. 329-342.

ROLDAN, Alberto F. *Reino, política y misión,* Lima: Ediciones Puma, 2011

ROLDÁN, Alberto F. y David A. Roldán. *José Míguez Bonino: Una teología encarnada,* Buenos Aires: Sagepe, 2013

ROLDÁN, David A. *La dimensión política del Reino de Dios,* Buenos Aires: Teología y Cultura Ediciones, 1014.

SCHMIDT, Josef. *El Evangelio según San Mateo. Comentario Ratisbona al Nuevo Testamento*, trad. Mercedes González-Haba, Barcelona: Herder, 1981.

SEGUNDO, Juan Luis. *La historia perdida y recuperada de Jesús de Nazaret. De los Sinópticos a Pablo,* Santander: Sal Terrae, 1991

SHUURMAN, Lamberto. *Ética política*, Buenos Aires: La Aurora, 1974.

SMEDES, Lewis. *Sexología para cristianos*, trad. Jorge Sánchez, Miami: Caribe, 1982.

SNYDER, Howard A. y Joel Scandrett, *La salvación de toda la creación. La ecología del pecado y la gracia,* trad. Raúl Padilla, Buenos Aires: Ediciones Kairós, 2016

SOBRINO, Jon . "Cristología sistemática. Jesucristo, el mediador absoluto del Reino de Dios" en Ignacio Ellacuria y Jon Sobrino (editores), *Mysterium Liberationis. Conceptos fundamentales de la teología de la liberación,* vol. I, San Salvador: UCA, 1993,

SOBRINO, Jon. *Jesucristo liberador,* San Salvador: UCA editores, 1991

STAAB, Karl y Norbert Brox. *Cartas a los Tesalonicenses, cartas de la cautividad, cartas pastorales*, trad. Florencio Galindo, Barcelona: Herder, 1974.

STAAB, Karl. *Cartas a los Tesalonicenses y Cartas de la Cautividad, Comentario Ratisbona al Nuevo Testamento*, vol. VI, trad. Florencio Galindo, Barcelona: Herder, 1974.

STAM, Juan. "Apocalipsis y el Imperialismo Romano", *Lectura Teológica del Tiempo Latinoamericano*, San José: Seminario Bíblico Latinoamericano, 1979

STAM, Juan. *Apocalipsis. Comentario Bíblico Iberoamericano,* 4 tomos, Buenos Aires: Ediciones Kairós, 2003-2009

STAM, Juan. "Este Jesucristo, ¿Quién es?" y "Jesús: nada menos que todo un hombre" En Arturo Piedra (editor), *Haciendo teología en América Latina. Juan Stam: un teólogo del camino,* 2da. Edición, vol. 1. San José (Costa Rica): Editorial Sebila, 2006, pp. 198-206

STEINER, George. *Gramáticas de la creación,* trad. Andoni Alonso y Carmen Galán Rodríguez, Buenos Aires: Random House Mondadori, S. A., 2011

STEINER, George. *La poesía del pensamiento. Del helenismo a Celan,* trad. María Condor, Buenos Aires: FCE-Siruela, 2012.

STOTT, John. *La fe cristiana frente a los desafíos contemporáneos,* trad. Lilian D. Rogers, Buenos Aires: Nueva Creación, 1991

TILLICH, Paul. *Dinámica de la fe,* trad. María Teresa La Valle, Buenos Aires: La Aurora, 1976

TORRES, Emiliano O. *Jesús no hace acepción de personas,* Buenos Aires: Epifanía, 2016.

TORRES QUEIRUGA, Andrés. *Repensar la cristología. Sondeos hacia un nuevo paradigma,* 2da. Edición, Estella (Navarra): Ediciones Verbo Divino, 1996

TOURAINE. Alain, *Crítica de la Modernidad*, trad. Alberto Luis Bixio, Buenos Aires: Fondo de Cultura Económica, 1994.

TROBISCH, Walter. *Iniciación al amor*, trad. F. Collar, Salamanca: Sígueme, 1978.

VARIOS. *Misión y evangelización: una afirmación ecuménica*, trad. Luis y Elena Odell, Ginebra: CMI, 1982.

VATTIMO, Gianni. *Creer que se cree*, trad. Carmen Revilla, Buenos Aires: Paidós, 1996.

VATTIMO, Gianni. *Después de la cristiandad. Por un cristianismo no religioso,* trad. Carmen Revilla, Buenos Aires: Paidós, 2004

VATTIMO, Gianni. *El fin de la modernidad*, trad. Alberto L. Bixio, Barcelona: Planeta-Agostini, 1994.

WEBER, Max. *La ética protestante y el espíritu del capitalismo*, trad. José Chávez Martínez, México: Premia editora, 1981.

WRIGHT, Norman H. *Momentos de quietud para matrimonios*, trad. José Luis Casals, Miami: Unilit, 1995.

YODER, John. *Jesús y la realidad política,* Buenos Aires: Ediciones Certeza, 1985

www.ingramcontent.com/pod-product-compliance
Lightning Source LLC
Chambersburg PA
CBHW032113090426
42743CB00007B/343